沈阳故宫博物院
院 藏 精 品 大 系
玻璃器卷

李声能　主编

北方联合出版传媒（集团）股份有限公司
万卷出版公司

图书在版编目（CIP）数据

沈阳故宫博物院院藏精品大系 . 玻璃器卷 / 李声能
主编 . — 沈阳 : 万卷出版公司 , 2021.7
ISBN 978-7-5470-5619-6

Ⅰ . ①沈… Ⅱ . ①李… Ⅲ . ①文物 – 中国 – 图集②玻
璃器皿 – 中国 – 古代 – 图集 Ⅳ . ① K870.2 ② K876.52

中国版本图书馆 CIP 数据核字（2021）第 112626 号

出 品 人：王维良
出版发行：北方联合出版传媒（集团）股份有限公司
　　　　　万卷出版公司
　　　　　（地址：沈阳市和平区十一纬路 25 号　邮编：110003）
印 刷 者：沈阳市昌达印刷有限公司
经 销 者：全国新华书店
幅面尺寸：290mm×375mm
字　　数：400 千字
印　　张：37
出版时间：2021 年 7 月第 1 版
印刷时间：2021 年 7 月第 1 次印刷
责任编辑：赵新楠
责任校对：高　辉
封面设计：刘萍萍
版式设计：张　莹
ISBN 978-7-5470-5619-6
定　　价：990.00 元
联系电话：024-23284090
邮购热线：024-23285256
传　　真：024-23284448

策划及编辑委员会

主　任
李声能　王维良

副主任
王　琦　李　理　曾　阳　冯顺利

主　编
李声能

副主编
李　理

撰稿人员
于明霞　苏　阳　刘晓晨　李　理　李　蕙
张　莹　张　倩　曾　阳　蔡憬萱

摄影人员
马　瑞　王瑞琛　李　蕙　解舒怡

协助拍摄人员
王小莉　牛　艺　刘　建　范　丽
黄　莹

英文翻译
张丽立

《沈阳故宫博物院院藏精品大系》是沈阳故宫多年以来文物研究的重要成果，汇聚了几代人的艰苦努力。2016 年，在我们陆续编纂、设计此套图录期间，经万卷出版公司逐级申报，此套图书被列入国家出版基金资助项目，受到社会各界的广泛关注。2017 年，该套图书已完成出版 10 类 13 卷，因选取沈阳故宫各类精品文物、配有精美的文物图片和说明文字，又具有较高的设计和印刷水准，在出版之后，得到相关专家和读者的一致好评。

2018 年，经过沈阳故宫、万卷出版公司共同协商，双方决定继续推进《沈阳故宫博物院院藏精品大系》其他分卷图录的编纂、出版工作。翌年，经万卷出版公司申报，《沈阳故宫博物院院藏精品大系》新增分卷，即玻璃器卷、金属器卷再次被列为国家出版基金资助项目，这为本套图书的继续出版，奠定了良好的基础。

至今，经过近三年的艰苦努力，《沈阳故宫博物院院藏精品大系》的玻璃器卷、金属器卷 2 卷图录即将付梓，我们对此深感欣慰，希望 2 卷图录的出版，能够为社会公众和文博界同人、收藏界朋友提供丰富、精彩的藏品内容，期待读者通过 2 卷新书来了解沈阳故宫，并通过我们的馆藏文物，去喜欢、热爱我们悠久而博大的传统文化。

一、沈阳故宫的建立与发展

后金天命十年（1625），清太祖努尔哈赤因政治、军事战略需要，将国都从辽阳东京城迁至沈阳，为入主中原奠定了基础，同时也开启了沈阳故宫辉煌历史的篇章。

努尔哈赤迁都沈阳后，在城内中心区域修建了处理国家军政事务的"大衙门"，即沈阳故宫最早的东路宫殿建筑——大政殿（原名"笃恭殿"）和十王亭。一年以后，努尔哈赤故去，由皇八子皇太极（清太宗）继承汗位，并开始修建沈阳故宫中路建筑。1636 年皇太极正式称帝，将年号由"天聪"改为"崇德"，将国号"金"改称"清"。在此前后，沈阳故宫已基本完成大内宫阙的建设，它包括大清门、崇政殿、凤凰楼以及正宫清宁宫、东宫关雎宫、西宫麟趾宫、次东宫衍庆宫、次西宫永福宫等内寝各宫殿。

清顺治元年（1644），和硕睿亲王多尔衮统率 10 万八旗铁骑，利用李自成农民起义军推翻明朝统治的有利时机，挥师入关，占据北京；同年秋季，6 岁的小皇帝福临（清世祖）在孝庄皇太后等人扶持下，由盛京（沈阳）迁往北京，开始了清王朝定鼎中原、统治全中国的历史。

清朝迁都北京后，盛京（沈阳）成为大清开国的龙兴之地，沈阳故宫则成为陪都宫殿，以"一朝发祥地，两代帝王宫"而一直受到各代皇帝的重视。自康熙朝开始，清圣祖玄烨以"展祭盛京三陵"为目的，开启清帝东巡的序幕，先后三次巡幸东北盛京地区，并在沈阳故宫举行祭祀和庆典活动。其后，清高宗弘历按照祖制，曾经四次巡谒盛京，清仁宗颙琰曾两次、清宣宗旻宁曾一次前往盛京，完成了清帝十次东巡的历史。

自乾隆八年（1743）清高宗首次东巡开始，为完善盛京（沈阳）宫殿皇家建筑体制，亦为皇帝、皇太后、后妃东巡盛京驻跸皇宫之需要，清高宗多次传旨扩建和改建沈阳故宫，于中路建筑两侧增建了"东所""西所"（亦称"东宫""西宫"），它们包括颐和殿、介祉宫、敬典阁和迪光殿、保极宫、继思斋、崇谟阁等建筑；在大清门东改建了皇家太庙；于西路扩建了嘉荫堂、戏台、文溯阁和仰熙斋、九间殿等建筑，从而完成建筑 100 余座、共计 500 余间的盛京宫殿建筑格局，其占地面积达 6 万余平方米。

　　清朝帝后历次东巡，不仅为盛京皇宫带来大批皇室成员礼仪、生活方面的御用器物，还由京师内务府陆续输送了大量宫廷艺术类文物，包括瓷器、玉器、书画、珐琅器、漆器、金银器等，其数量达 10 万余件，使沈阳故宫成为继北京紫禁城、承德避暑山庄之外清宫珍藏三大宝库之一，其历史价值、文化价值因此而愈加显赫。

　　清末至民国初年，东北地区有识之士开始在沈阳故宫旧址筹建博物馆。1926 年 11 月 16 日，经当时奉天省议会讨论通过，在清沈阳故宫旧址组建了"东三省博物馆筹备处"。此后经过三年的文物征集、整理和布展，博物馆于 1929 年 4 月正式对外开放，向中外观众提供服务。历经沧桑的古代皇家建筑，从此变为"搜存古物，阐扬文化"的社会公益机构。

　　1931 年九一八事变爆发，博物馆工作被迫停顿。次年，伪满奉天省政府将博物馆改名为"奉天故宫博物馆"，并重新对外开放。1936 年，博物馆再次关闭，部分文物被移至伪国立博物馆奉天分馆，余者及宫殿建筑划归伪奉天陵庙承办事务处。

　　1945 年抗战胜利后，沈阳故宫成为"辽宁省立民众教育馆"。1947 年，国民政府教育部决定成立"国立沈阳博物院"，院址设于沈阳故宫，并举办了简单的"东北文物展览会"。至 1948 年 11 月沈阳解放，博物院的筹备工作也自行中止。

　　新中国成立后，沈阳故宫及其博物馆重获新生。1949 年年初，人民政府在这里设立了"沈阳故宫陈列所"，1955 年正式更名为"沈阳故宫博物馆"，并确定了以收藏、展示明清宫廷文物和艺术品为主的办馆方向。1961 年，沈阳故宫古建筑群被确定为第一批"全国重点文物保护单位"，使这座古代帝王宫殿的历史价值得到保护和确认。

　　1986 年，"沈阳故宫博物馆"更名为"沈阳故宫博物院"，在加强古建筑保护、维修的同时，博物院更加致力于扩大开放展区和提高陈列展览质量，使以往以收藏、研究、宣传为主要任务的博物院工作，逐渐适应新兴的旅游事业的发展需求。除利用沈阳故宫皇家宫殿遗址做好本院各类原状陈列展览、院藏文物精品展和临时展览外，沈阳故宫博物院还注重将本院文物藏品推向海内外，使更多人了解、欣赏到沈阳故宫的特色收藏。数十年来，通过自办或合作方式，已经在世界许多国家和地区举办了各类专题文物展览，在意大利、芬兰、荷兰、美国、加拿大、日本、韩国、新加坡等国以及中国香港、台湾地区所办展览均得到广泛赞誉，使沈阳故宫真正成为全球共享的文化遗产。自 1998 年开始，沈阳故宫增加了在旅游旺季和重要节假日举办"清代盛京宫廷礼仪展演"的活动项目，根据历史史实和清宫制度编创的旅游文化展演，使中外游客对沈阳故宫的历史和重要价值有了更加形象的了解与认识。

　　2004 年，沈阳故宫以其杰出的历史价值、艺术价值和科学价值，被联合国教科文组织列入《世界遗产名录》，沈阳故宫博物院也从此担负起更为重要的历史使命，在保护、研究、展示这处珍贵文化遗迹工作中发挥出更大的作用。

　　2017 年初，沈阳故宫博物院经国家文物局严格考评，被列为国家一级博物馆，体现了沈阳故宫总体服务能力、博物馆综合能力的领先地位。近年，沈阳故宫每年接待的游客量都有较大提升。2019 年，沈阳故宫全年的游客接待量已达 254 万人次，门票收入已超过 1 亿元，均为历史最高值。此外在古建筑保护与修缮、文物收藏与修复、清朝前史研究、院藏文物研究以及社会教育、藏品展览和展示等方面，均创造了历史佳绩。

总之，作为全人类共同拥有的文化遗产，沈阳故宫将以其别具特色的古代宫殿建筑和文物典藏，为社会提供更多、更好的精神财富和文化资源。

二、沈阳故宫博物院典藏的珍贵文物

作为清朝开国初期营建并使用的皇家宫殿，以及清中期各代皇帝东巡驻跸的行宫，沈阳故宫曾以丰富、精美的清宫典藏品著称于世，它所收藏的 10 万余件清宫传世文物，如今大多分藏于故宫博物院、台北故宫博物院、南京博物院和其他文博单位，供世人欣赏和研究。

沈阳故宫博物院现在所收藏和保管的可移动文物，主要于 20 世纪 50 年代开始进行登记和造册，此后随着院藏文物的不断增加，特别是 80 年代以后，院藏文物的登记、上账工作逐步规范化，对文物藏品的研究工作也愈加深入。2013 年以后，按照国家文物局制定的全国可移动文物普查标准，本院文物工作者对新发现、新征集的文物进行正式登记，对原有藏品则进行更加规范的数量登记，从而使院藏文物总数有了较大增加，藏品管理更加规范化、科学化。

沈阳故宫博物院典藏的各类珍贵文物，主要有以下四方面的来源：其一是所谓的原藏文物，这类文物包括清初期太祖努尔哈赤、太宗皇太极使用过的各种武备类器物，清中期皇帝东巡使用的各种礼乐器物和萨满教祭祀用具，此外还有 1926 年"东三省博物馆"建馆后所征集、收藏的各类文物；其二是国家调拨的其他文博单位、机构的馆藏品、收藏品，这类文物主要包括 20 世纪 50 年代至七八十年代，由故宫博物院、南京博物院、上海文

物管理委员会等单位陆续调拨的文物藏品，其中由故宫博物院调拨的清宫文物，有少数即为沈阳故宫原藏品，因而反映了清朝宫廷文物传承有序、精美典雅的文化特征；其三是 20 世纪 50 年代至今，由沈阳故宫博物院在社会上公开征集的各类文物，这项工作在 20 世纪 60 年代曾得到沈阳市政府的大力支持，经本院文物工作者辛勤努力，在北京、上海多地往返征集，最终收获了包括明清书画在内的大量珍贵文物，使沈阳故宫拥有今天值得称赞的特色馆藏；其四是社会各界对沈阳故宫的无偿捐赠。

近年，随着沈阳故宫文物征集工作持续开展，本馆文物藏品数量逐年有所增加。截至 2020 年 12 月，沈阳故宫馆藏文物已达 105764 件，这对于本套丛书上次出版时公布的"在册文物 102150 件"，确实有了较大提升，体现了博物馆良好的工作状态与发展创新活力。

目前，沈阳故宫博物院所典藏的 10 万余件可移动文物，共按照 24 类进行编目、登记、上账，所有藏品按照典藏文物的不同材质，分库、分架进行分类保管。从沈阳故宫现藏文物的总体分类来看，基本是沿袭博物馆（院）的典型文物分类方式，既有按文物质地进行明确分类的，如瓷器、漆器、珐琅器、织绣、玻璃器等，又有大批按照文物使用功能或制作工艺来进行综合分类的，如宫廷遗物、武备、乐器、书法、绘画、雕刻、家具、陈设、杂项、金属、金银珠宝、考古、钱币、古籍、现代工艺等。所有文物藏品的科学分类与登记上账，不仅使博物院的藏品管理、文物研究更显规范，也为我们编辑和出版《沈阳故宫博物院院藏精品大系》提供了方便。

2016 年，由沈阳故宫与万卷出版公司共同完成的《沈阳故宫博物院院藏精品大系》，为本院研究人员独立完成前期编辑工作，

由万卷出版公司安排后期的设计、制版与印刷工作。全套书依据文物藏品的不同类别，遴选出 2000 余件精美藏品，按照以下 10 类 13 卷形式分别出版：

第一类：绘画典藏 2 卷（藏品 300 件，收录本院所藏明、清及近现代名家绘画作品）；

第二类：书法典藏 2 卷（藏品 300 件，收录本院所藏明、清及近现代名家书法作品）；

第三类：瓷器典藏 2 卷（藏品 300 件，收录本院所藏明、清瓷器品，以清朝官窑器居多）；

第四类：珐琅典藏 1 卷（藏品 150 件，收录本院所藏清朝各类珐琅器，以清宫原藏居多）；

第五类：漆器典藏 1 卷（藏品 150 件，收录本院所藏清朝各种漆器，以清宫原藏居多）；

第六类：玉器典藏 1 卷（藏品 150 件，收录本院所藏清朝各类软硬玉器雕刻品，以清宫原藏居多）；

第七类：织绣典藏 1 卷（藏品 150 件，收录本院所藏清朝各种服饰、配饰及其他各种织绣品，以清宫原藏居多）；

第八类：雕刻典藏 1 卷（藏品 150 件，收录本院所藏清朝各类竹、木、牙、角及石雕类文物）；

第九类：宫廷遗物典藏 1 卷（藏品 150 件，收录本院所藏清宫各类帝后御用遗物、礼器、乐器等文物）；

第十类：家具陈设典藏 1 卷（藏品 150 件，收录本院所藏清朝各类家具、陈设品，以清宫原藏居多）。

2018 年至今，我们按照原体例继续编纂并完成以下 2 卷图录：

第十一类：玻璃器典藏 1 卷（藏品 200 余件，收录本院所藏清宫原藏玻璃器类文物）；

第十二类：金属器典藏 1 卷（藏品 200 余件，收录本院所藏古代各朝特别是清朝宫廷制造与收藏的各类金属类文物）。

2020 年，沈阳故宫这座著名的世界文化遗产，已历经 395 年的沧桑岁月。本年度，虽然因新冠肺炎疫情影响使参观人数大为减少，但我们的各项文物展览仍有序开展，线上博物馆的多种服务正全面推动。今天，我们将《沈阳故宫博物院院藏精品大系》的玻璃器卷、金属器卷付诸出版，正可以用图录来弥补观众无法前来沈阳故宫参观的遗憾。通过文物藏品图片与文字说明，读者朋友一定会找到各自喜爱的精品文物，并从中领略和发现中华文化的传统之源、艺术之美，从而更加热爱我国古代优秀而灿烂的文明之美！

百炼呈五色　玻璃最晶莹

——沈阳故宫博物院院藏清宫玻璃器

在中国历史上，很早即开始生产原始玻璃制品。按照古代传统称谓，古时的玻璃被记载为"琉璃""流离""流琳"等；及至清朝中晚期，它又被称为"料器"。中土出现与现在相似的玻璃器，是在清朝的康熙、雍正时期。其时，一些掌握西洋玻璃制造技术的传教士进入宫廷，他们不仅为清帝带来欧洲生产的精美玻璃器，还在皇帝的授意和支持下，于宫内创办了玻璃厂，带领工匠为内廷制造御用玻璃器皿。在清宫档案中，曾留下许多与"玻璃"相关的内容。同时，随着清朝中期东南沿海海禁解除，东西方交流得以恢复，使欧洲生产的玻璃器通过贸易渠道流入中国。正是在此前提下，在北京、山东、广东等地，逐渐形成固定的玻璃生产作坊和工场，由各地工匠生产本土玻璃器，从此开启了纯正玻璃制造的序幕。

沈阳故宫博物院像故宫博物院一样，在本馆藏品中有一类重要的帝后御用器物，即清宫玻璃器。这类玻璃器既有来自西方的"洋玻璃"，又有京师等地生产的"本土玻璃"，其中既有宫廷陈设品，又有生活实用器，另外还有一些安装于其他器物上的玻璃配件，由此构成数量众多、品种丰富的清宫玻璃藏品。

一、古代玻璃及其制造工艺

玻璃是人类早期发明的人造材料之一，在中国和西亚、欧洲、北非地区都有悠久的制造历史。

根据目前的考古发现，早在公元前 25 世纪至前 23 世纪，玻璃就已在西亚的两河流域出现，其后在北非的埃及，西亚的腓尼基和地中海沿岸的希腊、罗马都有制造和使用。公元前后，在伊朗高原兴起的萨珊王朝，西亚的伊斯兰国家，地中海沿岸的意大利、希腊和北非的埃及，都生产出更加精美的玻璃制品，如玻璃珠饰、玻璃瓶等。由于此时玻璃生产十分艰难和复杂，产品十分珍贵，人们都将获得的玻璃器作为奢侈品，只有国王和上层贵族才能拥有。

西亚、北非和欧洲所生产的早期玻璃器，大多数采用铸造型压法制成，以彩色不透明或半透明的玻璃为主。其后吹制玻璃工艺的发明，简化了生产流程，降低了成本，可以制造出精美实用的玻璃器皿，因而玻璃器越来越受到人们欢迎。这种技术在罗马更是有了突飞猛进的发展。欧洲的玻璃吹制技术很快传播到世界其他地方，带动了各地玻璃制造业的发展。至公元 2 到 3 世纪，吹制法已经相当成熟，罗马的玻璃生产数量骤增，玻璃器不再仅仅是奢侈品，而是成为罗马市民使用的日常用品。此时，玻璃制品透明度增高，装饰手法也多种多样。

从目前传世的古代玻璃制品看，具有代表性的主要有：

罗马玻璃，指公元前 1 世纪至公元 6 世纪在罗马帝国范围内生产的玻璃产品，它是在两河流域玻璃、埃及玻璃和希腊玻璃基础上发展起来的。

萨珊玻璃，伊朗高原公元 3 至 7 世纪的玻璃产品。它继承了罗马玻璃技术，造型古朴，喜欢用连续的小圆形做装饰。其加工手法是冷加工雕琢和热塑相结合。

伊斯兰玻璃，兴起于公元7世纪，并很快占领地中海东岸和伊朗高原两个玻璃制造中心。其工艺和器型直接继承了罗马和萨珊玻璃传统，到公元9世纪形成独特的风格。伊斯兰玻璃采用冷加工的雕刻、刻纹和热加工的粘塑、堆砌等技法，玻璃上施釉彩和金属光泽的绘画。

威尼斯玻璃，兴起于公元13世纪，公元15至17世纪达到鼎盛时期。其最重要的技术突破是解决了玻璃中的气泡问题，生产出无色透明的水晶玻璃。当时的威尼斯依靠玻璃贸易，获取了大量财富。为了能赚取更多外汇，威尼斯曾试图以防火为由，将玻璃匠人集中到玻璃岛上，给予工匠很高的社会地位，但仍然没能阻止玻璃技艺的外传。

在中国古代，很早就有玻璃器的使用，从现在传世玻璃器文物来看，其起源应在西周（尚有争议）。但早在春秋末年，中原地区的贵族们已开始使用"蜻蜓眼"玻璃饰品。由于科学检测春秋时期的"蜻蜓眼"玻璃器为钠钙玻璃，故有专家认为它们可能不是中土烧造，而是来自西亚或欧洲的舶来品。

春秋时期至汉代，为中土玻璃制造的早期阶段，当时已能炼造七种颜色的玻璃，制作工艺有模制、堆贴、镶嵌等。从出土器物看，有礼器、配饰、明器等，均是小件器物。南北朝至明代，玻璃制造技艺有所发展，主要是吹制技术盛行，因而能够制造出体量略大的瓶、罐、杯等容器。

中原出土最早的"蜻蜓眼"玻璃，来自河南固始侯古堆1号墓，是吴国太子夫差夫人所随身佩戴的装饰品。另外，越王勾践佩剑上的剑格，也镶嵌有两块蓝色玻璃。

对于很早即形成尚玉文化的中原地区来说，与玉器外观十分相像的玻璃器，曾颇受贵族喜爱。但在制造玻璃器之时，则加入了中土元素，所制玻璃制品颜色与天然玉石更为接近。至战国中晚期，中原地区已经能生产出仿西亚"蜻蜓眼"玻璃珠以及仿玉器式玻璃璧。

汉代及北魏等朝，在中原及丝绸之路沿线，均有一些玻璃制品生产，但出土文物造型多为玻璃瓶和玻璃珠。在洛阳北魏永宁寺遗址，曾出土一些玻璃珠，成为这一时期玻璃器的代表性文物。

至汉代，中土玻璃生产已经有了相当规模，并仿照玉器、石器器物来生产玻璃器。如江苏盱眙大云山汉墓出土了20件玻璃磬，磬身长度最长已超过半米。尽管如此，当时的玻璃仍然被视为十分珍贵的物品。例如，河南辉县固围村战国5号墓出土的银带钩，玻璃就与鎏金和玉片镶嵌在一起，可见其珍贵程度。

汉魏、隋唐至宋辽时期，一方面，中土自己生产玻璃器；另一方面，随着伊斯兰玻璃兴盛及丝绸之路发达，从西亚地区曾有大量玻璃器流入中原。目前，在陕西扶风法门寺地宫、陕西西安南郊何家村、河北定县5号塔基、内蒙古奈曼旗辽陈国公主墓、辽宁朝阳北塔中均发现了大量伊斯兰风格的玻璃器具。

1987年，在陕西扶风法门寺塔基地宫，曾出土11件唐代玻璃器。这批玻璃类文物以玻璃圆盘为主，有蓝色玻璃盘、八瓣团花描金蓝玻璃盘等，绝大多数为伊斯兰风格。玻璃盘色彩不一，有深蓝、浅蓝和灰白等数种颜色，表面还绘有描金、描彩花卉和几何图案花纹。这些玻璃盘以吹制成型，玻璃材质较纯，表面十分光洁。口沿微侈，圆唇，浅腹，小平底，外底心有铁棒痕迹，盘心微凸。如此众多的玻璃器出土于一地，体现了当时中外贸易交流的广泛和深入，以及这一时期高超的玻璃制造技艺。

1970年，在陕西扶风何家村出土了一批窖藏文物，其中有一件为具有萨珊风格的凸纹玻璃杯。此杯为侈口，圆唇，直壁略斜，平底，口沿之下有一圈凸起弦纹，腹部有8组24个圆环纹装饰。该杯外壁的圆环纹饰采用粘贴玻璃条技术，即热加工贴压成型，因而与杯身融为一体。全杯透明度较高，器型较大，在唐代玻璃制品中是比较少见的珍贵文物。

近年，考古发掘出土了一些北魏玻璃器，使我们了解到这一时期的玻璃已采用吹制成型法。这一技术的传入，对中国玻璃制作和发展具有重要意义，也直接影响到后世玻璃器的制作。

玻璃制造工艺自春秋时期传入中土后，各代工匠在制造玻璃器物时，往往融入其他制造技艺，如将玻璃器与金银器相组合，将玻璃与玉器相组合等，其结果必然使玻璃器演变成高档奢侈品。另外，由于玻璃的珍稀性与透明、半透明性，它又被转化为宗教类法器和贵族们随葬的明器，如在寺庙地宫发现的盛放佛舍利的玻璃宝瓶，在佛与菩萨供案前陈设的玻璃净瓶，以及多地出土的贵族随葬的各类玻璃明器等。

最后需要说明的是，在中国古代是否存在真正的"玻璃"这一问题。这个问题在学术界和民间一直存在争议。究其原因，就是中土的原始玻璃——琉璃，无论是外观透光率，还是矿物原料构成，都与西洋玻璃存在较大差异。

从中外玻璃烧造原料构成看，其主要原料都是石英砂（SiO_2），另外还掺有自然纯碱（Na_2CO_3）、草木灰（K_2CO_3）、铅丹（PbO）等矿物为助熔剂，再以石灰（$CaCO_3$）作为烧成品的稳定剂，故玻璃属于熔融、冷却、固化的硅酸盐化合物。此外，中外玻璃在原料构成上，一直存在一个较大差别，即中土玻璃是以铅钡矿物为主要原料，而西洋玻璃则是以钠钙矿物为主要原料。这就导致了两种玻璃在外观色彩、物理品质方面存在较大差别。

此外，从烧造玻璃的熔融温度来看，要制造纯净、坚固的纯玻璃，其烧成温度需达到1600℃以上。中国古代一直以农耕文明为主，千百年来人们大多聚村寨而居，生产、生活使用的燃料主要是柴草，高品质的燃煤使用并不普遍，加上缺少科学的助燃方法，故烧造玻璃时温度较难达到1600℃之上。因此中国古代的玻璃成品，经常呈现为不透明或半透明的"混沌"状态。

但无论怎样，我们从中外玻璃的矿物原料构成和烧造制作流程来看，两者均极为近似，而且有着千丝万缕的联系。所以，中土玻璃尽管与西洋玻璃存在一定差异，但它终究还应归入玻璃范畴，以"琉璃"一词作为界定更为妥当，将其定性为"原始玻璃"，似乎也更为合理和科学。

二、清宫玻璃制造与发展

中土玻璃历经千百年发展，至清朝早期，尚未形成较大规模，玻璃器皿在民间的使用也并不普及。究其原因，一是中土原有瓷器、漆器、玉器和铜、铁等金属制造的各类器物，宫廷和民间的使用十分广泛，从而在某种程度上抑制了玻璃器的研制与发展；二是玻璃制造工艺较为复杂，烧造过程中需要极高的温度；三是古代中原地区尚未普及玻璃烧造的各种工艺技术。

康熙朝，随着清圣祖玄烨对宫廷制器多方关注，甚至直接参与到各类器物的生产、制作活动中，玻璃器生产才在西洋传教士帮助下，进入到大发展、大制作的全盛时代。

在清代康熙朝，玻璃制造业的中心最初在京师地区，紫禁城和圆明园里都设有专门的玻璃厂；同时，在山东制瓷中心博山（颜神镇），形成了全国最大的玻璃制作产地，其他还有广州、苏州等地的玻璃生产作坊，由此形成多地生产、宫廷与民间共同发展的局面。

清朝入关后，经顺治一朝和康熙早期经营，已完成对全国的统治，实现了统一、中央集权体制构建。康熙中期以后，宫廷内部逐渐走上文化发展与建设的轨道。

康熙初年，玄烨命复设内务府机构，由其全权管理皇家、宫廷内外的各项事务；康熙十九年（1680），清廷于紫禁城内设立造办处（《钦定大清会典事例》卷1173，"武英殿修书处"条），专门负责帝后御用器物的制造、修缮和存储等事宜。按照清宫规定，内务府和造办处之下，设立有名称各异的"馆、处、作、厂"，按照不同器物的材质和使用功能，生产、修缮和保管不同的器物，如仅在养心殿造办处，即"设治器之十四作"，其下辖"如意馆、金玉作、铸炉处、造钟处、炮枪处、鞍甲作、弓作、珐琅作、玻璃厂、铜镀作、匣裱作、油木作、镫裁作、盔头作"（《钦定大清会典事例》卷98）。

康熙三十五年（1696），玄烨传旨命创建玻璃厂，"三十五年奉旨设立玻璃厂，隶属于养心殿造办处，设兼管司一人……四十九年，设玻璃厂监造二人"（《钦定大清会典事例》卷1173，"养心殿造办处"条）。玻璃厂的设立，与当时宫廷内对玻璃器的需求有关，亦与宫中正好有几位懂得玻璃制造工艺的西洋传教士有直接关系。

顺治至康熙朝，来自欧洲基督教会的传教士开始进入宫廷，他们希望通过为皇帝提供文化、科学、医学等方面的服务，取得其欢心，从而能够在中土传播基督教。在这些传教士中以德国传教士纪里安（Kilian Stumpf）最为有名，在他的全力主持下，康熙三十九年（1700），清宫玻璃厂正式建成并很快投入生产。

当时，宫廷玻璃厂建于京城内西安门的蚕池口。至雍正年间，为满足皇室成员对玻璃器的大量需求，又于圆明园六所建立了新的玻璃厂。由于京城夏天炎热，熔炉前工匠无法操作，故清宫规定玻璃厂每年"八月开窑，五月止窑"。

至于玻璃厂的参与人员，除聘请的西洋传教士外，还设有专门的管理官员和匠役。因山东、广东等地已掌握玻璃器生产技术，故清宫经常由鲁、粤甚至江浙地方轮流调用工匠进宫，以烧造清宫玻璃器。在传教士带领下，玻璃厂匠役使用本土原料，先后生产出品种多样、数量众多的御用玻璃器，极大丰富了清宫玻璃制品，并受到帝后和其他皇室成员的喜爱。

根据清宫档案记载，康熙、雍正、乾隆诸帝十分注重玻璃器的设计与制作。他们在从政之余经常过问玻璃烧造之事。如雍正六年（1728），据圆明园传出的文书内称："本月十九日，郎中海望奉旨：照先做过的玻璃菊花碟子样，收小些再做三十件，烧十五色，每色二件，摆在万字房西一路第七间屋内小洋漆书格上，分摆六落，每落五个。钦此。"（《造办处各作成做活计清档》胶片65号，中国第一历史档案馆）

乾隆时期，清高宗弘历遵循祖父辈宫廷制器的习俗，进一步提高玻璃器的创新水平与烧造工艺，使清宫玻璃器发展再上台阶，生产出更新更美的御用玻璃器，将传统玻璃制作推向顶峰。

从实际情况看，当时除玻璃厂相关人员参与玻璃器设计、制作外，造办处的杂活作、玉作、珐琅作等处，也部分参与了玻璃器制造事宜。由于清宫玻璃厂自开始设立到生产制作，包括玻璃的生产工艺都与西洋玻璃有直接关系，因此清宫所产玻璃器可谓融合了中外文化，既有西洋玻璃的制造技术、生产工艺，又结合了中国传统制器的造型、图案、纹饰等内容，所生产的玻璃器往往兼具中外多元文化，呈现出中外文明交融的特征。

从清宫档案以及保存至今的清宫玻璃器藏品来看，它们几乎涵盖了当时世界玻璃生产的各类原料以及各种技艺，如从玻璃色彩上看，有单色玻璃、双色玻璃、多色玻璃、套色玻璃等；从玻璃制造工艺上看，有吹制、雕刻、打磨、镶嵌、掐压、粘塑、搅胎、丝纹、彩绘、描金、洒金、戗金、点彩、画珐琅等技法。

在清高宗弘历直接参与和过问下，乾隆六年（1741），传教士纪文、汤执中二人指导玻璃厂工匠，正式烧制出金星玻璃（又称"温都里那石"），后来又烧制成金色玻璃。此两种玻璃在中国作坊前所未有，其烧造成功也提升了中国玻璃的特殊品位。

正是由于清帝对玻璃器生产和创新十分重视，促使玻璃厂管理者和匠役积极投入到创新生产中。据雍正朝清宫档案记载，当时宫内玻璃色彩繁多，有正式称谓的即有红色、大红色、亮红色、绿色、涅绿色、豆绿色、淡绿色、松绿色、假松石色、翡翠色、白色、月白色、亮白色、葡萄色、黄色、亮黄色、金黄色、橘黄色、酒黄色、蓝色、涅蓝色、亮蓝色、天蓝色、雨过天青色、紫青色、天青色、金珀色、黑色、蜜蜡色、琥珀色等30种颜色，反映了清宫玻璃器创新、制作的高超水准。

三、沈阳故宫所藏玻璃器

沈阳故宫是清中期皇帝东巡盛京时驻跸的行宫，有清一代，这里曾称盛京皇宫、奉天行宫、沈阳旧宫。清入关后，随着康熙、乾隆、嘉庆、道光诸帝东巡，为沈阳故宫带来大批清朝帝后御用器物、国家礼器、宫廷内府制作和收藏的各类艺术品，以及皇家典籍、绘画、法书、墨刻和档案等大量藏品，这其中就有多件清宫玻璃器。

据清道光朝盛京内务府所撰《翔凤阁恭贮宫殿各宫，并文溯阁、夏园、广宁行宫陈设器物清册》记载，在沈阳故宫内所藏玻璃类文物即有：保极宫陈设之玲珑瑞草嵌玉玻璃镜壹面，继思斋陈设之玻璃罩紫檀几孔雀石荷叶珊瑚景壹座，清宁宫陈设之呆红绿套玻璃瓶壹对，文溯阁陈设之玻璃挂屏贰件，九间殿陈设之玉烟壶伍个（壹匣盛玻璃罩匣无）、玉烟壶肆个（壹匣盛玻璃罩匣无）、玻璃罩灵芝山壹件，夏园陈设经将军和琳奏准撤交内库存贮之蓝玻璃炉瓶盒壹件。另外翔凤阁内另有库内贮藏玻璃器为：金星玻璃三阳开泰山子陈设壹件、呆白套蓝玻璃茶碗壹对、金星玻璃鸳鸯双喜尊壹件、缠丝玻璃花瓶壹对、雕漆盒叁个（内各有玉蝠伍件、册页壹册，紫檀盒盛，玻璃罩盖坏）、各样大小玻璃杯盅叁拾玖件、玻璃带板拾贰块；在飞龙阁庆字柜收藏有嵌红绿玻璃铜式件二色丝线鞬鞴绣龙等。

沈阳故宫现藏清宫玻璃器，绝大多数为20世纪60年代由故宫博物院调拨。这些玻璃器既有西洋进口的欧洲玻璃，又有中国本地制造的玻璃。它们均制作精美、品种丰富，保存完好，代表了清中期至晚期宫廷玻璃制作与收藏的最高层次。

由于玻璃器十分易碎，具有怕磕怕碰的特点，因此无论是清朝还是现在，它们都由专门的库房、架柜收藏和保管，许多器物表面都崭新如初，光彩照人，令观者赏心悦目。

现在，沈阳故宫所藏清宫玻璃器共 200 余件（套），由于许多玻璃器是成对藏品，故所藏数量远大于此。

值得一提的是，沈阳故宫某些藏品在命名时，亦保持着清宫文物的原始称谓。如清朝将不透明玻璃称为"涅玻璃"或"呆玻璃"，将透明玻璃称为"亮玻璃"或"明玻璃"，其"涅玻璃"的"涅"字，其实为满语，读作"dushun"，意即"暗的"。所谓"涅玻璃"即指"不透明的玻璃"。现在沈阳故宫玻璃器中有多件文物定名遵循着清宫原名，希望以此更多保留文物的原始信息，从而更好地留住历史原有内涵。

由沈阳故宫现藏清宫玻璃器的色彩来看，既有透明玻璃、彩色玻璃，亦有复合玻璃、彩绘玻璃；既有一色玻璃、双色玻璃，亦有多色玻璃、搅胎玻璃、丝纹玻璃，以及点彩、夹金、夹彩、描金、洒金、戗金和染色玻璃等不同色彩玻璃，可谓光怪陆离、琳琅耀眼。

从沈阳故宫所藏清宫玻璃器的器型看，主要有碗、盘、罐、盒、杯、壶以及八棱瓶、直颈瓶、水丞、渣斗、花觚、水注、笔筒、笔架和花瓶等造型。既有西洋式的双耳瓶、高足杯等器物造型，亦有中国传统的玉壶春、花觚等器物样式。此外，各式玻璃、料制鼻烟壶也是清宫玻璃器最多的一个品种，以各种工艺制作

的烟壶琳琅满目，品种众多，使鼻烟壶呈现出百款争艳的格局。

在沈阳故宫所藏玻璃器中，有一种是由玻璃和金属复合制成的特殊玻璃制品，即金属镶嵌玻璃。它们有的是用金属框架、带丝包镶玻璃品，两者共同构成完整的器物；有的则是作为玻璃器皿的底座或接管，用以支撑和连接玻璃器，从而构成体量巨大的复合组件。这反映了清宫玻璃设计、制作的复杂性和艺术美，体现了宫廷器物制造过程中的总体合作与协调。

由清宫玻璃表面图案和纹饰制作工艺看，它们既有素面无纹饰者，亦有磨刻图案、彩绘、粘塑、镶嵌图案者；既有西洋款式的植物、几何纹、人物、鸟兽纹，亦有中国传统的花卉、山水、翎毛、几何图案。在一些器物的底部，则刻制有清帝年号款识，另有少数玻璃器外壁还刻字填金满、汉字诗文，使单纯的玻璃器亦被附加上清宫特有的文化痕迹。

再由沈阳故宫、北京故宫等所藏清宫传世玻璃器藏品看，它们既有仿欧式玻璃器的特征，又兼顾中国传统器物的外形、图案和文化内涵，因此而成为中外文化交融的最好例证。

清宫玻璃器是传世清宫文物的特殊品种，它与瓷器、玉器、珐琅器不一样，总体数量较少，且因壁薄易碎等原因，长期以来一直较少对外进行公开展示。此次，我们对本院精藏清宫玻璃类文物尽可能多做遴选，使其精华者悉数纳入图录之中，真诚希望通过本册图录使文物信息得以公布，使社会公众更多了解和欣赏沈阳故宫的优秀典藏，从清宫文物之中得享传统文化的美妙真谛。

目 录

前 言　Preface　/ 005
综 述　Summary　/ 009

一、透明玻璃

I. Transparent Glass

（一）透明雕刻玻璃

Carved Transparent Glass

1　清玻璃方格纹高足杯
　　Glass Goblet, the Qing Dynasty　/ 003

2　清玻璃锦纹双耳大瓶（一对）
　　A Pair of Brocaded Large Glass Vases, the Qing Dynasty　/ 005

3　清玻璃撇口花篮
　　Flaring Mouth Flaring Glass Rim Basket, the Qing Dynasty　/ 007

4　清白玻璃高足杯
　　White Glass Goblet, the Qing Dynasty　/ 008

5　清玻璃三足碗
　　Tripod Glass Bowl, the Qing Dynasty　/ 009

6　清玻璃花瓣口雕花大碗（一对）
　　A Pair of Large Glass Petaling Rim Bowls with Engraving Pattern, the Qing Dynasty　/ 010

7　清玻璃刻花大盘
　　Large Glass Plate with Engraving Pattern, the Qing Dynasty　/ 011

（二）透明描金玻璃

Transparent Gilded Glass

1　清玻璃描金花纹高足杯（一对）
　　A Pair of Glass Goblets with Gilt Pattern, the Qing Dynasty　/ 013

2　清玻璃绘金花尖盖执壶（一对）
　　A Pair of Glass Lid Ewers with Gold Pattern, the Qing Dynasty　/ 015

3　清玻璃金花螺丝口盖罐（一对）
　　A Pair of Glass Covered Jars with Gold Pattern, the Qing Dynasty　/ 017

4 清玻璃刻花描金杯（一对）
A Pair of Glass Goblets with Gilt Pattern, the Qing Dynasty   / 019

5 清玻璃金边刻花大碗（一对）
A Pair of Glass Large Bowls with Engraving Pattern, the Qing Dynasty   / 021

6 清玻璃刻花大碗（一对）
A Pair of Glass Large Bowls with Engraving Pattern, the Qing Dynasty   / 023

7 清玻璃团花元宝式盆（一对）
A Pair of Glass Basins with Pattern, the Qing Dynasty   / 025

8 清玻璃描金花长方四足盆
Four-footed Rectangle Glass Basin with Gilt Pattern, the Qing Dynasty   / 027

（三）透明描彩玻璃
Transparent Stained Glass

1 清玻璃桃花盖罐（一对）
A Pair of Glass Lid Jars, the Qing Dynasty   / 029

2 清玻璃描金双耳盖罐（一对）
A Pair of Glass Lid Jars with Gilt Pattern, the Qing Dynasty   / 031

3 清玻璃八角紫菊花纹盖罐
Octagon Glass Lid Jars with Purple Chrysanthemum Pattern, the Qing Dynasty   / 033

4 清玻璃刻菊花高足碗（一对）
A Pair of Glass Stem Bowls with Engraving Chrysanthemum Pattern, the Qing Dynasty   / 034

5 清玻璃花卉纹盆（一对）
A Pair of Glass Basins with Flower Pattern, the Qing Dynasty   / 036

6 清玻璃花卉纹盆
Glass Basins with Flower Pattern, the Qing Dynasty   / 038

7 清紫玻璃大碗（一对）
A Pair of Purple Large Bowls, the Qing Dynasty   / 039

8 清玻璃金边绿花大碗（一对）
A Pair of Large Green Glass Bowls with Gilt Rim, the Qing Dynasty   / 041

9 清玻璃金边绿点长圆形盆（一对）
A Pair of Long Circle Glass Basins with Gilt Rim and Green Dot Decoration, the Qing Dynasty   / 043

10 清玻璃紫花锦纹船式盘（一对）
A Pair of Boat-shaped Glass Plates with Brocaded Pattern, the Qing Dynasty   / 045

二、彩色玻璃
II. Stained Glass

（一）单色透明、半透明玻璃
Monochrome Transparent, Translucent Glass

1 清红玻璃三棱莲瓣口花插（一对）
A Pair of Red Glass Floral Vases, the Qing Dynasty   / 049

2   清金黄玻璃锦纹花插
      Gold Glass Flower Vase with Brocaded Pattern, the Qing Dynasty   / 051

3   清蓝玻璃双耳瓶
      Blue Glass Handle Vase, the Qing Dynasty   / 052

4   清粉红玻璃冰纹缸
      Pink Glass Pot with Ice Flower Pattern, the Qing Dynasty   / 053

5   清黄玻璃刻花荷叶形高足盘（一对）
      A Pair of Lotus-shaped Yellow Glass Goblet Plates, the Qing Dynasty   / 054

6   清红玻璃菊瓣碗（一对）
      A Pair of Red Glass Bowls with Chrysanthemum Pattern, the Qing Dynasty   / 056

7   清咸丰款蓝玻璃小杯
      Emperor Xianfeng Period Blue Small Glass Cup, the Qing Dynasty   / 058

8   清红料双兽耳烟壶
      Red Glass Snuff Bottle, the Qing Dynasty   / 059

9   清紫料双兽耳烟壶
      Purple Glass Snuff Bottle, the Qing Dynasty   / 060

10   清黄料雕花烟壶
      Yellow Glass Snuff Bottle, the Qing Dynasty   / 061

11   清紫料浮雕人物烟壶
      Purple Glass Snuff Bottle, the Qing Dynasty   / 062

（二）双色、多色玻璃
Two-color, Multi-color Glass

1   清红玻璃高足杯
      Red Glass Goblet, the Qing Dynasty   / 064

2   清绿玻璃方形高足碗（一对）
      A Pair of Green Square Glass Bowls, the Qing Dynasty   / 065

3   清蓝玻璃冰纹荷叶高足杯（一对）
      A Pair of Blue Glass Goblets with Ice Flower Pattern, the Qing Dynasty   / 067

4   清粉红玻璃暗花盖碗（一对）
      A Pair of Pink Glass Lid Bowls with Pattern, the Qing Dynasty   / 069

5   清粉红玻璃折梁花篮
      Pink Glass Flower Basket, the Qing Dynasty   / 071

6   清粉红玻璃荷叶碗（一对）
      A Pair of Pink Lotus-shaped Glass Bowls, the Qing Dynasty   / 072

7   清淡黄玻璃刻菊花花篮（一对）
      A Pair of Light Yellow Glass Flower Baskets with Engraving Chrysanthemum Pattern, the Qing Dynasty   / 074

8   清红白玻璃暗花大盘
      Large Red and White Glass Plate, the Qing Dynasty   / 076

9   清金黄色玻璃刻花荷叶形高足碗
      Gold Lotus-shaped Bowl with Engraving Pattern, the Qing Dynasty   / 077

10 清金黄色玻璃荷叶形碗（一对）
　　A Pair of Gold Lotus-shaped Glass Bowls, the Qing Dynasty 　　/ 078

11 清金黄色玻璃莲瓣碗（一对）
　　A Pair of Gold Lotus-shaped Rim Bowls, the Qing Dynasty 　　/ 080

（三）单色料器
Monochrome Material Ware

1 清乾隆款黄料御题诗文瓶
　　Emperor Qianlong Period Yellow Glass Vase, the Qing Dynasty 　　/ 083

2 清乾隆款绿料瓶
　　Emperor Qianlong Period Green Glass Vase, the Qing Dynasty 　　/ 085

3 清乾隆款蓝料开光描金瓶
　　Emperor Qianlong Period Blue Glass Gilt Vase, the Qing Dynasty 　　/ 087

4 清黄料浅雕山水人物烟壶
　　Yellow Snuff Bottle with Engraving Pattern, the Qing Dynasty 　　/ 090

5 清黄料素面烟壶
　　Yellow Snuff Bottle, the Qing Dynasty 　　/ 091

6 清白料浮雕兽面耳烟壶
　　White Snuff Bottle with Engraving Pattern, the Qing Dynasty 　　/ 092

7 清黄料烟壶
　　Yellow Snuff Bottle, the Qing Dynasty 　　/ 093

三、复合玻璃
III. Composite Glass

（一）搅料
Stirred Material

1 清粉白花玻璃双耳瓶（一对）
　　A Pair of Pink White Handle Glass Vases, the Qing Dynasty 　　/ 097

2 清紫白料四足盖盒
　　Purple Four-foot Glass Lid Box, the Qing Dynasty 　　/ 098

3 清粉玻璃葡萄花双环耳盒（一对）
　　A Pair of Pink Handle Glass Earring Boxes with Grape Pattern, the Qing Dynasty 　　/ 100

4 清黑绿黄料烟壶
　　Black Green Yellow Snuff Bottle, the Qing Dynasty 　　/ 102

5 清紫绿料烟壶
　　Purple Green Snuff Bottle, the Qing Dynasty 　　/ 103

（二）金星料
Gold Star Material

1 清金星石笔筒
　　Venus Stone Brush Pot, the Qing Dynasty 　　/ 105

2　清金星石戒指
    Venus Stone Ring, the Qing Dynasty　　/ 108

3　清金星石戒指
    Venus Stone Ring, the Qing Dynasty　　/ 109

4　清金星石环
    Venus Stone accessory, the Qing Dynasty　　/ 110

（三）点彩、夹金银、夹彩
Spot Colour, Laminated Gold and Silver, Laminated Colour

1　清蓝玻璃鸡冠口双耳瓶（一对）
    A Pair of Blue Vases with Cockscomb Rim, the Qing Dynasty　　/ 112

2　清蓝料烟壶
    Blue Snuff Bottle, the Qing Dynasty　　/ 114

3　清咖啡色料烟壶
    Brown Snuff Bottle, the Qing Dynasty　　/ 115

（四）纹丝
Grain Wire

1　清毛玻璃镶铜条花花插（一对）
    A Pair of Glass Flower Vases with Copper Gilt Rim, the Qing Dynasty　　/ 117

2　清白玻璃条纹荷叶碗（一对）
    A Pair of White Lotus-shaped Bowls, the Qing Dynasty　　/ 119

（五）粘塑套料
Sticky Plastic Sets of Material

1　清粉玻璃贴葡萄花花瓶（一对）
    A Pair of Pink Flower Bottles with Grape Pattern, the Qing Dynasty　　/ 122

2　清粉白玻璃花口双耳花瓶（一对）
    A Pair of Pink White Handle Glass Vases, the Qing Dynasty　　/ 124

3　清浅蓝玻璃花口双耳花瓶（一对）
    A Pair of Light Blue Handle Glass Vases with Pattern, the Qing Dynasty　　/ 126

4　清绿白玻璃花口双耳花瓶（一对）
    A Pair of Green White Handle Glass Vases, the Qing Dynasty　　/ 128

5　清乾隆款蓝套料蕉叶缠枝花双耳花瓶
    Emperor Qianlong Period Blue Glass Vase with Banana Leaf Pattern, the Qing Dynasty　　/ 130

6　清蓝地套料烟壶
    Blue Snuff Bottle, the Qing Dynasty　　/ 132

7　清水红套绿料葫芦纹烟壶
    Red and Green Glass Snuff Bottle with Gourd Pattern, the Qing Dynasty　　/ 134

8　清褐套绿料烟壶
    Brown and Green Glass Snuff Bottle, the Qing Dynasty　　/ 135

9　　清蓝套白料马纹烟壶
　　　Blue and White Glass Snuff Bottle with Horse Pattern ,the Qing Dynasty　　/ 136

10　　清套料雕海水红日烟壶
　　　Glass Snuff Bottle with Engraving Pattern, the Qing Dynasty　　/ 137

11　　清粉彩猫蝶花卉料烟壶
　　　Coloured Glass Snuff Bottle with Cat and Butterfly Pattern, the Qing Dynasty　　/ 138

四、彩绘玻璃
IV. Coloured Glass

（一）单色戗金、描金玻璃
Monochrome Gold Traced Glass

1　　清红玻璃金花撇口小瓶（一对）
　　　A Pair of Red Glass Bottles with Gilt Rim, the Qing Dynasty　　/ 143

2　　清绿玻璃描金花卉纹花瓶（一对）
　　　A Pair of Green Glass Flower Vases with Gilt Pattern, the Qing Dynasty　　/ 144

3　　清红玻璃粉彩花卉纹花觚
　　　Red Glass Vase with Coloured Pattern, the Qing Dynasty　　/ 146

4　　清红玻璃戗金花卉纹瓶（一对）
　　　A Pair of Red Vases with Gilt Flower Pattern, the Qing Dynasty　　/ 148

5　　清绿玻璃金边刻花小碗（一对）
　　　A Pair of Green Small Glass Bowls with Gilt Rim, the Qing Dynasty　　/ 150

6　　清蓝玻璃描金花盖罐（一对）
　　　A Pair of Green Glass Lid Jars with Gilt Pattern, the Qing Dynasty　　/ 152

7　　清紫色玻璃描金花卉纹盆（一对）
　　　A Pair of Purple Glass Basins with Gilt Flower Pattern, the Qing Dynasty　　/ 154

8　　清绿玻璃描金花船式盒（一对）
　　　A Pair of Green Boat-shaped Glass Boxes with Gilt Pattern, the Qing Dynasty　　/ 156

（二）透明、半透明玻璃彩绘
Transparent, Translucent Glass Stained

1　　清玻璃凸花描金大花插（一对）
　　　A Pair of Large Glass Vases with Gilt Pattern, the Qing Dynasty　　/ 159

2　　清紫白玻璃粉彩花卉直口瓶
　　　Purple White Glass Vase with Pattern, the Qing Dynasty　　/ 160

3　　清白玻璃粉彩花卉纹花口瓶（一对）
　　　A Pair of White Glass Vases with Flower Pattern, the Qing Dynasty　　/ 161

4　　清玻璃粉彩花卉方形花插（一对）
　　　A Pair of Glass Vases with Flower Pattern, the Qing Dynasty　　/ 163

5　　清玻璃彩画花卉菱形花插（一对）
　　　A Pair of Glass Vases with Painted Flower, the Qing Dynasty　　/ 164

6　清玻璃扇形开光绘花提梁壶

　　Glass loop-Handle teapot with Panel Pattern, the Qing Dynasty 　　/ 165

7　清红玻璃花瓣形盖罐

　　Red Lid Jar with Flower Rim, the Qing Dynasty 　　/ 167

8　清黄白玻璃粉彩小花瓶（一对）

　　A Pair of Yellow White Glass Vases, the Qing Dynasty 　　/ 170

9　清玻璃粉彩樱桃纹海棠式盒（一对）

　　A Pair of Boxes with Cherry Pattern, the Qing Dynasty 　　/ 172

10　清彩花玻璃把杯（一对）

　　A Pair of Glass Cups with Pattern, the Qing Dynasty 　　/ 174

11　清玻璃彩画把杯（一对）

　　A Pair of Glass Cups with Painted Pattern, the Qing Dynasty 　　/ 176

12　清套料画兰鱼烟壶

　　Glasse Snuff Bottle with Painted Orchid and Fish Pattern, the Qing Dynasty 　　/ 178

13　清绿玻璃描金花餐具（一套六件）

　　A Set of Six Pieces of Green Glass Tableware Painted with Gold Flowers Pattern Design, the Qing Dynasty 　　/ 179

（三）涅玻璃彩绘
Stained Glass

1　清蓝玻璃粉彩花卉瓶（一对）

　　A Pair of Blue Glass Vases with Pattern, the Qing Dynasty 　　/ 185

2　清白料绛色开光人物花瓶（一对）

　　A Pair of White Glass Vases with Panel Pattern, the Qing Dynasty 　　/ 187

3　清白料染蓝粉彩瓶

　　White Glass Vase with Coloured Pattern, the Qing Dynasty 　　/ 190

4　清白料绿口彩画花瓶（一对）

　　A Pair of White Glass Vases with Coloured Pattern, the Qing Dynasty 　　/ 192

5　清白料彩画撇口花觚（一对）

　　A Pair of White Glass Vases with Coloured Pattern, the Qing Dynasty 　　/ 194

6　清白料染米黄色粉彩花卉纹瓶（一对）

　　A Pair of White Glass Vases with Coloured Pattern, the Qing Dynasty 　　/ 196

7　清黄料粉彩花鸟纹小瓶（一对）

　　A Pair of Small Glass Vases with Coloured Pattern, the Qing Dynasty 　　/ 198

8　清白料染米色粉彩花卉纹直口瓶（一对）

　　A Pair of White Glass Vases with Coloured Pattern, the Qing Dynasty 　　/ 200

9　清蓝玻璃画勾莲纹花瓶（一对）

　　A Pair of Blue Glass Vases with Lotus Pattern, the Qing dynasty 　　/ 202

10　清白粉料荷叶形花插（一对）

　　A Pair of White Lotus-shaped Vases, the Qing Dynasty 　　/ 204

11　清白料粉彩花卉纹缸

　　White Glass Jar with Flower Pattern, the Qing Dynasty 　　/ 206

12   清米黄料粉彩花卉纹三足小盒
     Small Cream Tripod Glass Box, the Qing Dynasty   / 208

13   清米黄料粉彩花卉纹小盆（一对）
     A Pair of Small Glass Basins with Coloured Pattern, the Qing Dynasty   / 210

（四）料器染色
Material Ware Staining

1   清白料菊瓣三足盖罐（一对）
    A Pair of White Tripod Glass Jars, the Qing Dynasty   / 214

2   清白料染色蜗牛纽果式盒（一对）
    A Pair of White Fruit-shape Glass Boxes, the Qing Dynasty   / 216

3   清白料染黄色核桃形盖盒
    White Peach-shaped Glass Lid Box, the Qing Dynasty   / 218

4   清白料染黄色瓜形盖盒
    White Melon-shaped Glass Lid Box, the Qing Dynasty   / 219

5   清白料凸花方形盒（一对）
    A Pair of White Square Glass Boxes, the Qing Dynasty   / 220

6   清白料橘瓣长圆盒
    White Long Circle Glass Box, the Qing Dynasty   / 221

7   清蓝料橘瓣长圆盒（一对）
    A Pair of Blue Long Circle Glass Boxes, the Qing Dynasty   / 223

8   清红白料鱼式盒
    Red Fish-shaped Glass Box, the Qing Dynasty   / 226

五、金属镶嵌玻璃
V. Metal Inlaid Glass

（一）玻璃包镶铜饰
Glass Inlay with Copper Trim

1   清玻璃镶铜条双耳扁瓶（一对）
    A Pair of Handle Flat Glass Vases with Inlaid Copper, the Qing Dynasty   / 231

2   清玻璃双耳扁瓶
    Handle Flat Glass Vase, the Qing Dynasty   / 233

3   清白玻璃粉彩镜盖粉盒（一对）
    A Pair of White Glass Compacts with Mirrorde Cover, the Qing Dynasty   / 234

4   清蓝玻璃绘人物盖罐
    Blue Glass Lid Jar with Figure Pattern, the Qing Dynasty   / 237

5   清红玻璃粉彩花鸟纹盒（一对）
    A Pair of Red Glass Boxes with Coloured Bird and Flower Pattern, the Qing Dynasty   / 239

6　清玻璃粉彩花卉纹粉盒
Glass Powder Box with Pattern, the Qing Dynasty　　/ 242

7　清麻玻璃描金透花粉盒（一对）
A Pair of Frosted Glass Powder Boxes with Gilt Pattern, the Qing Dynasty　　/ 244

8　清玻璃粉彩双环耳描金粉盒
Glass Powder Box with Gilt Pattern, the Qing Dynasty　　/ 246

9　清银铜边玻璃盒（一对）
A Pair of Glass Boxes with Silver and Copper Rim, the Qing Dynasty　　/ 248

（二）玻璃铜饰插件
Glass with Copper Trim Insert

1　清黄玻璃高足大花插
Yellow Glass Glblet Flower Receptacle, the Qing Dynasty　　/ 251

2　清粉红玻璃荷叶形花插
Pink Lotus-shaped Glass Vase, the Qing Dynasty　　/ 254

3　清粉玻璃喇叭花形花插
Pink Glass Vase with Floral Rim, the Qing Dynasty　　/ 257

4　清红白料粉彩花形花插（一对）
A Pair of Red White Glass Vases with Coloured Pattern, the Qing Dynasty　　/ 259

5　清黄粉玻璃荷叶铜座花插（一对）
A Pair of Yellow Glass Vases with Copper Basis, the Qing Dynasty　　/ 262

6　清玻璃锦鸡双叶花插（一对）
A Pair of Glass Vases with Golden Pheasant, the Qing Dynasty　　/ 266

7　清粉红玻璃铜座提梁花篮
Pink Glass Handle Basket with Copper Basis, the Qing Dynasty　　/ 268

后记　　Postscript　　/ 271

透明玻璃

I. Transparent Glass

透明玻璃，系指清宫制造或收藏的无色透明玻璃制品。它们有的是光滑素面，有的则采用雕刻磨制，还有的施以淡淡的描金、彩绘工艺，形成通透而华丽的外部装饰。总体来看，此类玻璃器的质地清澈透明，有的虽因雕花纹饰而产生多维折光，但依然保持纯净的本色，展示着玻璃材料的优异特性。

中国古代很早便开始烧造琉璃器，此为早期玻璃。西周至春秋战国时代，社会上已能炼制多种颜色的琉璃，此后各代，琉璃制品不断增多，器型不断增大，至南北朝、隋唐时期，已能用吹制技术生产瓶、罐、杯等容器。但在清朝以前因生产技术所限，尚无法解决透明玻璃的提纯问题。有清一代，随着西洋传教士和工匠技师进入宫廷，为清宫引入大量西方玻璃制品，特别是传入了高超的制作技艺，从而很好地解决了玻璃提纯难题，制造出透明度绝佳的玻璃器具。

（一）透明雕刻玻璃

Carved Transparent Glass

康熙三十五年（1696），清廷于北京西安门蚕池口设立玻璃厂，后又于圆明园设新厂，专门为皇室成员烧制玻璃器具。当时，有德国传教士纪里安等人直接参与玻璃厂生产，因而带入成熟的西洋生产工艺，这其中即包括玻璃器的雕刻、磨制技艺。

从现有清宫传世透明雕刻玻璃器物看，它们大多借鉴西方传统器皿的外形，所制图案、纹饰也往往采用玻璃、水晶、宝石制作的切割、雕刻、磨研技术，体现了清宫玻璃器产自中土又深受外来文化影响这一特性。

清玻璃方格纹高足杯

清中晚期 | 高 16.7 厘米，把高 10 厘米，口径 11.2 厘米，底径 9.8 厘米
Glass Goblet, the Qing Dynasty

　　清宫实用器。为典型的西式高脚杯样式，全杯以整块透明玻璃模压、雕刻打磨而成，上部为碗状圆杯，中间为立柱式高足，底部为圆盘状杯脚，全杯散发出浓郁的西洋文化风味，采用无色透明高品质玻璃，以模铸、吹塑及打磨等工艺制造杯体表面花纹，上部杯口制成凹凸起伏的花瓣状，杯身制以方菱形几何图案；杯柄呈多棱形立柱式，中央处制凸起部位，以便手握，竖柄表面磨制精细的各式几何图案；底托呈圆形花瓣式，表面制成三角状几何图案。全杯晶莹剔透，折光映影，反映了清宫玻璃器的精美与时尚。

清玻璃锦纹双耳大瓶（一对）

清中期 | 每瓶高 35.7 厘米，宽 20 厘米，口径 9.3 厘米，底径 9.6 厘米
A Pair of Brocaded Large Glass Vases, the Qing Dynasty

　　清宫陈设品、实用器。此对大瓶材质、造型、做工均相同，外形近似古希腊双耳细颈陶瓶，每瓶以透明玻璃经吹制、模压、粘塑、雕刻磨制等工艺制成。瓶口外撇，细窄的颈部上下均呈喇叭形；瓶肩部浑圆宽大，腹下部逐渐内敛，形成略小的底足；左右两侧自口沿下至肩部，粘塑圆弧状细长耳，双耳表面各制以连续凹面，以方便手指提握；颈部前后表面，各磨制三道凹线，瓶腹磨制锦纹及变体花纹。两件玻璃大瓶用料较厚，磨制时花纹较深，使整件器物的花纹更具立体感、艺术感。

清玻璃撇口花篮

清中期 | 高 24.7 厘米，口径长 24.1 厘米、宽 15.8 厘米，底径 10.8 厘米
Flaring Mouth Flaring Glass Rim Basket, the Qing Dynasty

清宫实用器、陈设品。该花篮以实体花篮为原型，采用吹制、模压、粘塑、雕刻打磨等工艺，颇具艺术效果，曲线优美，花纹多变，反映出当时玻璃制作技术与视觉艺术的完美结合。全器以较厚的透明玻璃制成，花篮口部呈双"S"形，形成起伏的弧线；篮身总体上宽下窄，略呈桶状，外壁精心打磨成小方块形组成的几何图案，既有竹、藤编制的效果，又具现代艺术气息；底部略向外撇，以增加全篮的稳定性；口部左右两侧略为竖直，外面粘有圆形弧状提手，并于上部磨制扁平切面，以增加美感及手握舒适度。花篮既是中国传统的装饰器物，也是世界性的审美象征，以欧洲玻璃制作出的清朝宫廷精致花篮，无疑使中西文化找到更为相通的统一点，成为公认的美的化身。

清白玻璃高足杯

清中期 | 高 28.3 厘米，口径 11.8 厘米，腹径 12 厘米，底径 8 厘米
White Glass Goblet, the Qing Dynasty

　　清宫实用饮酒器。全杯采用吹制、模压工艺，以透明、素面、无色取胜，外壁光滑不施任何做工，虽然略显朴拙，却不乏浑然天成之感。上部杯身较长，下部杯足略短；杯身总体呈曲壁桶式造型，口部、底部较宽，腰部内敛，曲线圆滑，无波无纹；杯柄呈圆柱式，中间有凸起圆台，以便手执把握；底足较厚，呈圆台式，以便全杯稳定。

清玻璃三足碗

清中期 | 高 8.2 厘米，口径 19.1 厘米，足高 3.7 厘米
Tripod Glass Bowl, the Qing Dynasty

　　清宫实用器、陈设品。此件大碗以吹制、模压等工艺制成，全器采用透明玻璃，使其外观更显洁净。上部为圆形大碗，下部为托状三足，虽然上碗硕大，但外撇三足仍使全器稳如泰山。碗口部外撇，装饰以米珠纹；碗壁自上而下内敛，至底部由圆弧内收变为平底；碗底装饰一圈齿轮纹，底托部位上下饰一圈米珠纹，中间装饰花纹；最底部为花状外撇三足，表面饰有圆珠、弧带状纹饰及米点图案。

清玻璃花瓣口雕花大碗（一对）

清中期 | 每碗高 8.6 厘米，口径 23.5 厘米，底径 17.5 厘米

A Pair of Large Glass Petaling Rim Bowls with Engraving Pattern, the Qing Dynasty

清宫实用器、陈设品。此对玻璃大碗以吹制、模压及雕刻打磨工艺制作，其材质、造型、图案均相同；每碗以优质玻璃为材料，体量较大，外壁厚重，雕刻花纹较深，体现了选材制器的粗豪风格。全器总体呈花冠形状，口沿部位制成起伏的花瓣轮廓线，碗外壁沿花瓣下部制成等边竖式凹槽，各凹槽之间磨刻装饰性弧状条纹线，看似花冠之上的一瓣瓣叶片；大碗口部倾斜外撇，下部逐渐内敛；底为平底，底外装饰一圈圆珠，使之更似花冠装饰。

清玻璃刻花大盘

清中晚期 | 高 8 厘米，口径 25.5 厘米
Large Glass Plate with Engraving Pattern, the Qing Dynasty

清宫实用器、陈设品。全盘以模压、雕刻等工艺制作，采用厚重的透明玻璃制成，外壁矮小呈圆弧形，底为平底；内壁光滑无做工，外壁及大盘底部满饰深刻凹槽，由此构成繁密的图案，雕工高超，令人赏心悦目，叹为观止。全盘口沿部制成细小的对称式花瓣形，并依其花瓣于外壁磨刻发散状条纹；小花瓣之间制以间隔，其下磨刻细碎的菱形、三角形纹饰，并以直线构成几何式图案，其中央处制刻团花形，于有序之中产生无尽变化，于条纹之中装饰闪光碎片，全器光线折射，晶莹璀璨。

（二）透明描金玻璃

Transparent Gilded Glass

金色，最接近黄色，曾是宫廷贵族乃至普通百姓最为心仪的色彩，在宫廷器物、建筑装饰上始终占据重要地位。金彩最能反映皇家器物的奢华与美丽。

在清宫玻璃器皿上，透明描金工艺也有大量应用。该项工艺创制于雍正朝，是参照传统的宫廷瓷器、漆器描金手法创新而成的。其制作方式是先烧制好玻璃器皿，其后在器物表面以金彩进行涂绘，再采用低温定型方法使金彩得以固定，以形成玻璃器表的金色图案。从清宫原藏描金玻璃器看，其图案、纹饰亦带有鲜明的西洋特点。

1

清玻璃描金花纹高足杯（一对）

清中晚期 | 每杯全高 15.2 厘米，口径 6.3 厘米，底径 6.9 厘米
A Pair of Glass Goblets with Gilt Pattern, the Qing Dynasty

　　清宫实用器、陈设品。此对高足杯材质相同、造型一致、描金一样，杯身表面的描金花卉图案，则各具不同特点。全杯采用吹塑、拉制、描金等方法制作，无色透明的玻璃材质，与金色华丽的描绘工艺相映生辉。器形与当代高足酒杯颇为相近，上部为酒盅式杯身，表面绘制金色花卉图案，花朵盛开，枝叶繁密；杯身之下为圆柱式高足，立柄中部制有圆组，以便手指提握；底部圆托呈喇叭口形，以便杯体稳定不倒。

清玻璃绘金花尖盖执壶（一对）

清中晚期 | 每壶全高 34 厘米，壶高 26.7 厘米，全宽 14.5 厘米，腹径 12.9 厘米

A Pair of Glass Lid Ewers with Gold Pattern, the Qing Dynasty

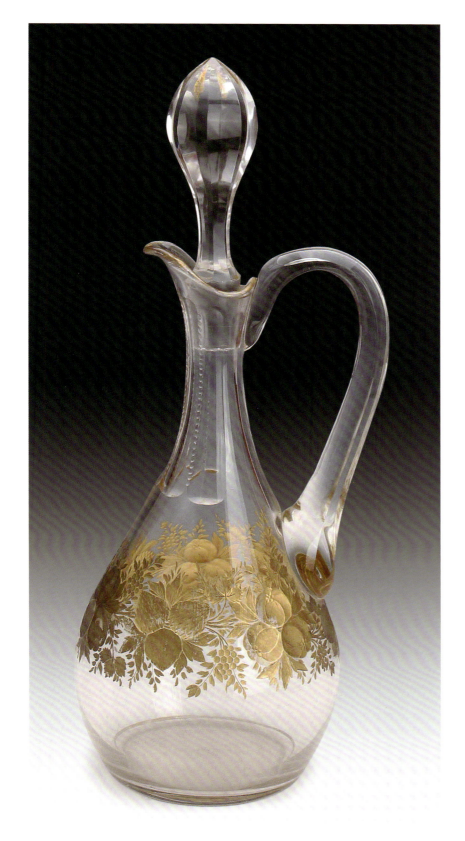
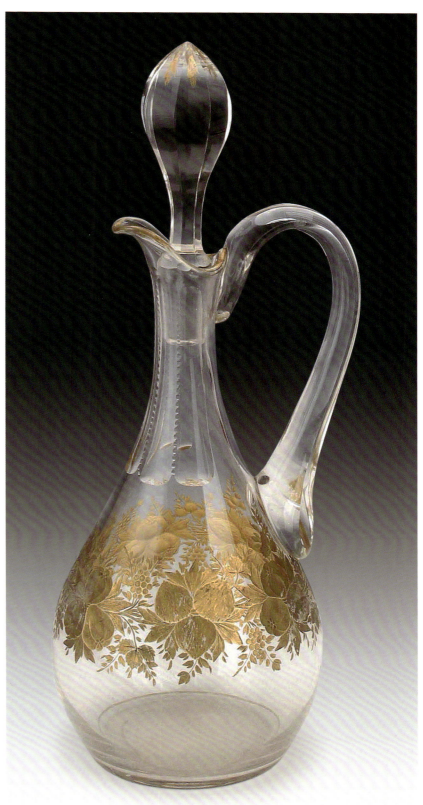

清宫陈设品、实用器。该对执壶为欧洲传统样式，与中国本土执壶最大区别在于流嘴，盖
纽亦略显高大。执壶采用吹制、模压、粘塑等工艺，两壶材质、造型、图案纹饰等均相同。壶
顶部为多棱椭圆形盖纽，纽顶描金花；壶口前部向外延伸，形成曲状流嘴，口沿描金；颈上部
细长，下部加宽，至腹部形成球状；腹上部用细腻笔法绘描金花卉图案；腹下部内敛，形成平
底；壶口部一侧至腹部，粘制圆弧形曲柄。执壶总体呈流畅外形，曲线优美，描金华丽。

3

清玻璃金花螺丝口盖罐（一对）

清中期 | 每罐高 8.4 厘米，盖径 9.6 厘米

A Pair of Glass Covered Jars with Gold Pattern, the Qing Dynasty

清宫实用器。盖罐以吹制、模压、磨刻、描金等工艺制成，其上盖与罐身以螺丝口相扣，紧实严密。上盖内部磨制多组圆光图案，颇具现代气息，表面描金，惜多脱落；罐身外壁呈多棱造型，各侧面按上下两圈分别绘制描金花卉，形成异域图案装饰；罐下部略向外撇，底部为平底，全器玻璃较为厚重，显得敦实稳重。

清玻璃刻花描金杯（一对）

清中晚期 | 每杯高 8.4 厘米，口径 6.5 厘米，底径 4.5 厘米
A Pair of Glass Goblets with Gilt Pattern, the Qing Dynasty

清宫实用器。两杯以吹制、描金工艺制成，其材质、造型、图案均相同。总体呈现代水杯样式，外壁描金绘花卉图案。口沿描金，杯口外撇，略呈喇叭形；杯身为桶式，至底部形成较厚平底；杯壁用粗细相间的笔法，绘大小花卉图案，看似写实又具写意，颇具艺术气息。

5

清玻璃金边刻花大碗（一对）

清中晚期 | 每碗高 8.5 厘米，口径 20 厘米，底径 10.8 厘米
A Pair of Glass Large Bowls with Engraving Pattern, the Qing Dynasty

　　清宫实用器、陈设品。此对刻花碗的材质、造型与制作工艺均相同。大碗采用有模吹制、雕刻打磨、描金等工艺制造，总体呈圆钵形，口沿为一周波浪状花口，施描金釉彩；碗外壁上部、下部均模压花卉图案，腹部至下部制成多道凸棱，棱面厚重描金，形成一圈八道瓜棱状条纹；碗底部按棱线堆制平底，以增加全器稳定。该对玻璃大碗外观华丽、设计精巧，体现出当时欧洲玻璃制造的高超水准。

清玻璃刻花大碗（一对）

清中晚期 | 每碗高 7.3 厘米，口径 23 厘米，底径 9.2 厘米
A Pair of Glass Large Bowls with Engraving Pattern, the Qing Dynasty

　　清宫实用器、陈设品。此对刻花大碗采用吹制、模压、雕刻打磨、描金等工艺，外形呈现小盆造型；口部略向外撇，呈花瓣造型，口沿为一周波浪状花口，施以描金；碗外壁满饰花卉图案，前后左右各有泥金大朵花瓣，花瓣下制几何形装饰图案；碗底部略小，制成平底。全器图案设计精美，玻璃雕刻工艺卓越，为清宫珍藏的玻璃器精品。

7

清玻璃团花元宝式盆（一对）

清中期 | 每盆高 4.8 厘米，口径长 16.8 厘米、宽 12.4 厘米，底径长 9.8 厘米、宽 5.8 厘米
A Pair of Glass Basins with Pattern, the Qing Dynasty

　　清宫实用器、陈设品。此对玻璃盆外形与茶盏十分相似，应为清朝帝后御用的生活盛具。
两盆材质相同、外形一致，采用吹制、模压、雕刻磨制、描金等工艺制造。总体呈船式，左右
两侧向上翘起；口沿描金，口部为海棠花口式；外壁制一周花瓣图案，内有条纹及圆形花朵造
型；盆底部为平底，略向外撇。

清玻璃描金花长方四足盆

清中晚期 | 高 8.6 厘米，口径长 25 厘米、宽 13 厘米，底径长 19.5 厘米、宽 10.5 厘米
Four-footed Rectangle Glass Basin with Gilt Pattern, the Qing Dynasty

清宫实用器、陈设品。此对玻璃盆外形类似浴盆，亦似船形，口部呈海棠花式，左右两侧翘起，应为清朝帝后所用生活盛器及观赏器。此盆采用吹制、模压、粘制和描金工艺制作，盆体较为轻薄。口沿描金，其下描金绘链状装饰纹；盆外壁分段对称绘制花卉纹、几何装饰纹，底沿描金绘一圈树叶纹；盆底为平底，底下粘制四个圆形足，足表描金。

（三）透明描彩玻璃

清朝中期，随着宫廷制器日渐繁荣，工匠们掌握的各种彩色原料、加工技艺已日益丰富。当时宫廷中已经拥有数十种颜色的矿物质釉料，将其施于瓷器、珐琅器或玻璃器表，从而制作出色彩缤纷的各式器物。

清宫透明描彩玻璃，是先烧制出完整的玻璃器皿，而后使用略稀的矿物质釉料，在玻璃器表面图案内进行填涂，有的还与金漆配合描绘，再放入窑炉进行低温烘烤，由此形成色彩斑斓的描彩玻璃。

清玻璃桃花盖罐（一对）

清中期 | 每罐全高 15.6 厘米，罐高 10 厘米，盖径 6.5 厘米，口径 10.8 厘米，底径 7.6 厘米
A Pair of Glass Lid Jars, the Qing Dynasty

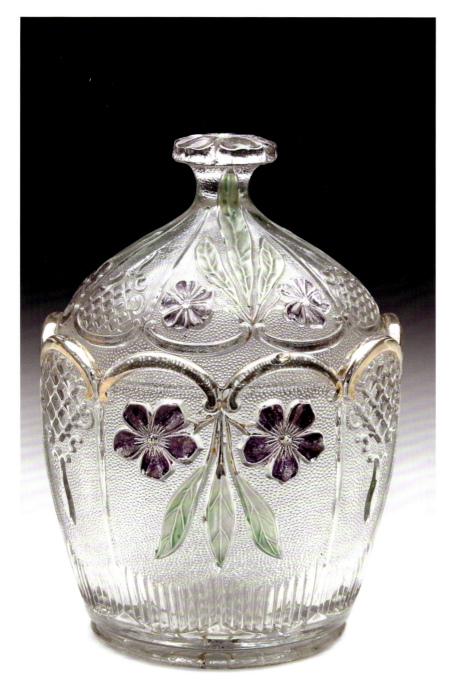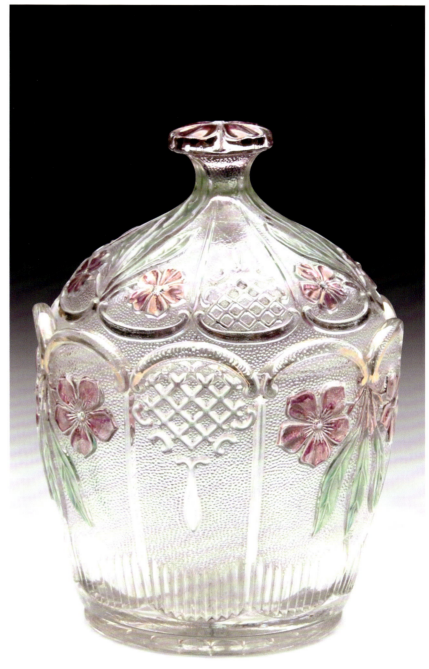

　　清宫实用器、陈设品。此对玻璃盖罐材质相同、造型一致，但表面描金彩绘色彩略有不同。全器采用有模吹制、描金彩绘工艺制作，总体呈椭圆瓜状，以凸起阳线形成全罐瓜棱；分上盖、下罐两体式，上盖顶部为花瓣组，罐口部为连续圆弧花瓣形；全罐表面满饰米珠底，盖面、罐面以凸起阳制花卉、叶片和方格状、条纹状几何纹，其中一罐花瓣彩绘成紫色，另一罐花瓣彩绘成粉红色，叶片均彩绘成绿色，罐口沿部有描金装饰；罐下部略为内敛，底部为平底。两罐彩绘略有差异，颇具观赏性，反映设计者的巧妙用心。

2

清玻璃描金双耳盖罐（一对）

清中晚期｜每罐全高 14.8 厘米、宽 19 厘米，罐高 9.4 厘米，口径 12.7 厘米，底径 9.4 厘米
A Pair of Glass Lid Jars with Gilt Pattern, the Qing Dynasty

　　清宫实用器、陈设品。两个盖罐采用吹制、模压、粘制和彩绘描金等工艺，其材质、造型、纹饰皆相同。总体呈圆形罐式，盖上部隆起，盖顶制多棱形描金宝珠纽，靠近顶纽处施紫色彩绘；口沿描金，口部为花瓣状撇口，罐身束腰，左右两侧粘制曲状双环耳；盖面、罐面满饰精美的花卉图案、装饰性卷曲几何图案，罐身中下部为叶片形紫色彩绘；平底内陷，器身较重。繁缛的纹饰，亮丽的色彩，加之透明的光线折射效果，使其拥有锦缎般华丽的外观。

清玻璃八角紫菊花纹盖罐

清中期 | 全高 17.3 厘米，宽 10.7 厘米

Octagon Glass Lid Jars with Purple Chrysanthemum Pattern, the Qing Dynasty

3

清宫实用器、陈设品。此罐采用吹制、模压、雕刻磨制及彩绘描金等工艺，总体呈圆形罐式，盖上部隆起，盖顶制八棱形描金方纽；全罐外形较为简洁，盖面、罐面均满饰不规则凹线，罐前后左右四面各饰大朵菊花图案，花瓣彩绘紫红色，花蕊描金，显出皇家富贵的特殊面貌。

4

清玻璃刻菊花高足碗（一对）

清中晚期 | 每碗高 12.4 厘米，把高 6.3 厘米，口径 20.2 厘米，底径 11 厘米
A Pair of Glass Stem Bowls with Engraving Chrysanthemum Pattern, the Qing Dynasty

　　清宫实用器、陈设品。两件高足碗材质、造型、纹饰均相同，采用吹制、模压、雕刻磨制和彩绘描金等工艺。总体呈上碗、下高足样式，口部制成连续起伏的花瓣形，口沿描金，其下为紫色彩绘；碗外壁饰一周凸起菊花图案，其下为条纹状花瓣；高足呈八瓣柱式，其下为圆盘式底托。双碗造型别致、雕刻精美，玻璃雕花图案折射出光影之美。

清玻璃花卉纹盆（一对）

清中晚期 | 每盆高 11.5 厘米，口径 20 厘米，底径 10.7 厘米
A Pair of Glass Basins with Flower Pattern, the Qing Dynasty

　　清宫实用器、陈设品。此对玻璃盆材质、造型、纹饰均相同，制作中采用吹制、模压、雕刻磨制和彩绘描金等工艺。全器呈圆盆状造型，口部为花瓣式，口沿及相连小花均施描金，其下为凸起几何形装饰图案，施紫色彩绘；盆腹制凸起描金花瓣，腹下部无纹饰，腹壁内敛，底部为外凸平底。

清玻璃花卉纹盆

清中晚期 | 高 11.5 厘米，口径 20 厘米，底径 10.7 厘米
Glass Basins with Flower Pattern, the Qing Dynasty

　　清宫实用器、陈设品。该盆采用吹制、模压、雕刻磨制和彩绘描金等工艺。全器总体呈圆盆状，口部为花瓣式，口沿描金，其下为凸起的小花及几何形装饰图案，均施绿色彩绘；盆腹部制凸起绿色彩绘花瓣，腹下部无纹饰，腹壁逐渐内敛，形成上大下小梯状结构；盆底部为平底，底足略向外撇。

清紫玻璃大碗（一对）

清中期 | 每碗高 9.7 厘米，口径 21.9 厘米，底径 13.7 厘米
A Pair of Purple Large Bowls, the Qing Dynasty

清宫实用器、陈设品。两件大碗材质、造型、纹饰均相同，采用吹制、模压、雕刻磨制和彩绘工艺制作。全器总体呈墩式碗状，口部略向外撇，口沿及碗外壁上部均施紫色彩绘，其下部为一圈无色透明叶片；底足略向外撇，以增加全碗的稳定性。

8

清玻璃金边绿花大碗（一对）

清中晚期 | 每碗高 9.4 厘米，口径 22.4 厘米，底径 10 厘米

A Pair of Large Green Glass Bowls with Gilt Rim, the Qing Dynasty

清宫实用器、陈设品。此对大碗材质、造型、纹饰均相同，采用吹制、模压、雕刻磨制和彩绘描金工艺制作。全器总体呈圆盆状，口部为花瓣式，口沿描金，其下为凸起的米珠状底纹，碗外壁前后左右各制大朵花卉图案，花瓣施绿色彩绘，花蕊描金；碗底足部略向外撇。全器用料厚重，花卉图案制作精美，颇具艺术感染力。

清玻璃金边绿点长圆形盆（一对）

清中晚期 | 每盆高 9.4 厘米，口径长 19.6 厘米、宽 10.8 厘米，底径长 14.8 厘米、宽 7 厘米
A Pair of Long Circle Glass Basins with Gilt Rim and Green Dot Decoration, the Qing Dynasty

清宫实用器、陈设品。此对玻璃盆材质、造型、纹饰均相同，采用吹制、模压、雕刻磨制和彩绘描金等工艺制作。全器总体呈长条船形，口部为花瓣式，口沿描金，其下为等分竖式凹槽；盆外壁满饰凸起菊花图案，花心施绿色彩绘；盆底部制粗厚的连续半球形，形成一圈波浪起伏的动感装饰。此对长圆形玻璃盆外观新颖，极具艺术效果。

清玻璃紫花锦纹船式盘（一对）

10

清中晚期 | 每盘全高 3.9 厘米，口径长 4 厘米、宽 12.2 厘米，底径长 17 厘米、宽 9 厘米
A Pair of Boat-shaped Glass Plates with Brocaded Pattern, the Qing Dynasty

清宫实用器、陈设品。此对船式盘材质、造型、纹饰均相同，采用吹制、模压、雕刻磨制和彩绘描金工艺制作。全盘总体呈船形，口部为花瓣式，口沿描金；盘外壁满饰凸起的几何图案、米珠图案，外壁前后左右各制大朵花卉图案，花瓣施紫色彩绘，花心描金；盘底部为平底。全器体量略小，制作的花卉图案十分精致，令人百看不厌。

二、

彩色玻璃

II. Stained Glass

彩色玻璃是指由各种有色玻璃制作的玻璃制品，此类玻璃器既有单一色彩的透明、半透明玻璃制品，又有双色和多色透明、半透明玻璃制品，甚至还有不透明的各色料器制品。从玻璃制作和外观色彩来看，彩色玻璃有单色、双色、多色、复合色等多种，但其颜色基本保持着较为独立的色彩，形成『互不相干』的光色界线，各色玻璃拥有单纯、明净的色彩外观。

清宫制作的彩色玻璃色彩众多，据雍正朝清宫档案记载，其玻璃色彩有红色、大红色、亮红色、绿色、涅绿色、豆绿色、淡绿色、松绿色、假松石色、翡翠色、白色、月白色、亮白色、葡萄色、黄色、亮黄色、金黄色、橘黄色、酒黄色、蓝色、涅蓝色、亮蓝色、天蓝色、雨过天晴色、紫青色、天青色、金珀色、黑色、蜜蜡色、琥珀色等 30 余种颜色。

（一）单色透明、半透明玻璃

Monochrome Transparent, Translucent Glass

　　清宫玻璃器皿色彩众多、颜色鲜艳，几乎囊括了后世所有可见的玻璃之色。从总体上看，清宫玻璃主要分为红色、黄色、绿色、蓝色、金色等几大色系，在制作过程中，十分注重利用玻璃自身透明的特性，在同一颜色玻璃内部采用由浅到深或由深到浅的渐变技艺，生产出无数色彩变幻的单色玻璃器。

　　根据清宫档案记载，雍正五、六年时，宫廷中玻璃器的颜色即多达 15 到 20 种，每次生产同一款玻璃器皿时，也经常采用不同色彩的玻璃原料，制作出光色绚烂的玻璃制品。

1

清红玻璃三棱莲瓣口花插（一对）

清中期 | 每件高 28.9 厘米，口径 6.6 厘米，腹径 10.5 厘米
A Pair of Red Glass Floral Vases, the Qing Dynasty

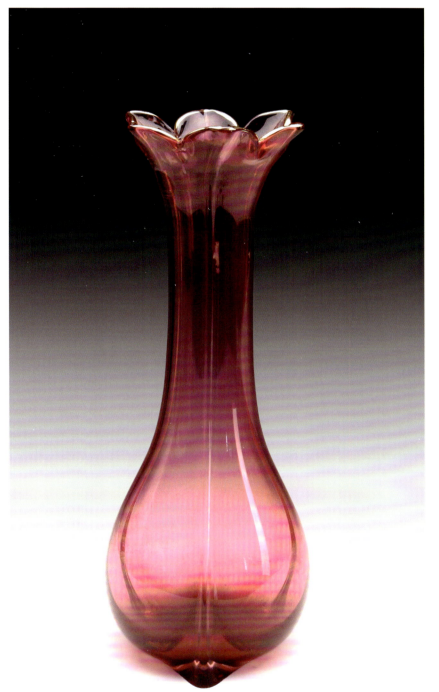 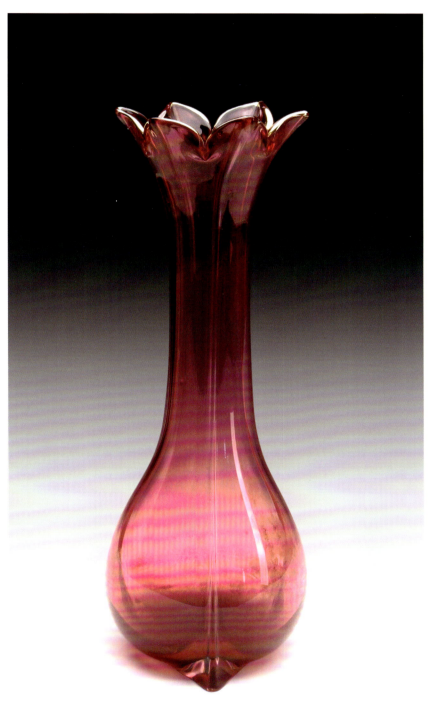

清宫陈设品及工艺品。此对花插采用相同的造型与工艺，以模吹技术制成。六莲瓣形花口，微外撇，细长颈，鼓腹下垂，三角形实足。口沿处描金，器身光素。由口至足贯穿三条突出的棱线，将器身三等分，至底部形成正三角形实足。整体造型规整，线条优美，上如花瓣，下似露珠，底足设计独特。通体红色透明玻璃，质地匀净，色彩娇艳，颜色随着玻璃的厚薄呈现出深浅不一的变化，富于表现力。

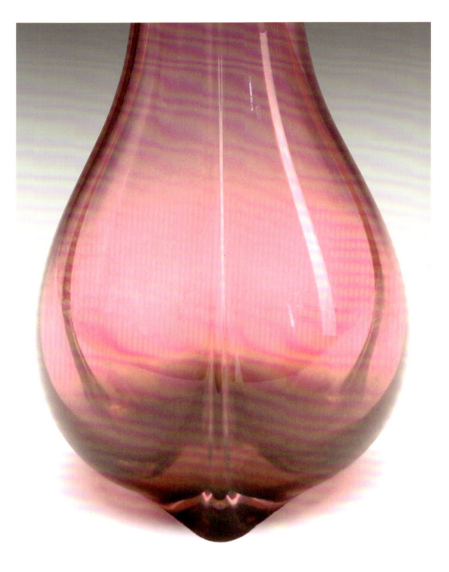

清金黄玻璃锦纹花插

清中期 | 高 35.7 厘米，口径 14.2 厘米，腹径 15.2 厘米，底径 12.8 厘米
Gold Glass Flower Vase with Brocaded Pattern, the Qing Dynasty

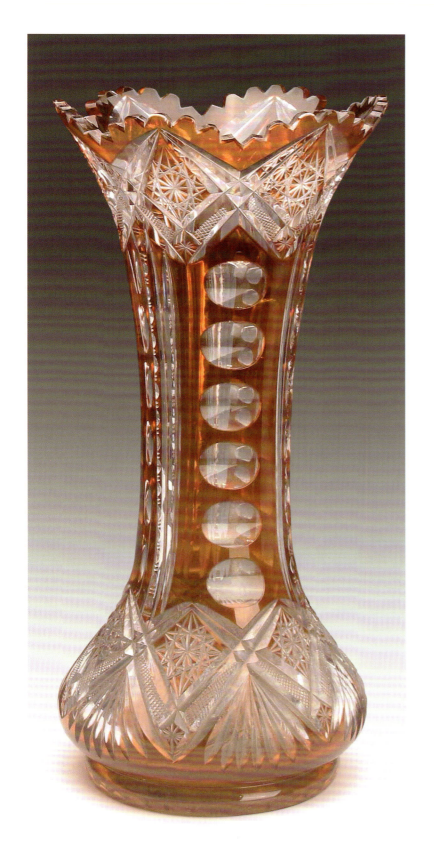

清宫陈设品及工艺品。花瓣式口，口外撇，长颈，垂腹，假圈足。口沿外壁及腹部采用车料装饰工艺手法，环饰不同粗细及深浅的三角线条组成的几何纹、菊瓣纹及星状条纹等图案六组，衬以锦地，上下相呼应。颈下部外壁有六道内凹竖状条纹，条纹间表面磨制六个椭圆透明圆光。整体以透明玻璃为胎吹制，外部叠加金黄色，并进行冷加工处理，车料工艺刻纹较深，刻纹处均去除了金黄色，露出透明胎体，其折光及反射形成半透明效果，表现出玻璃器的雅致与高贵。整件花插器型较大，壁厚，体重，有质感。

清蓝玻璃双耳瓶

清中晚期 | 高24厘米，口径7.7厘米，腹径10.9，底径6厘米
Blue Glass Handle Vase, the Qing Dynasty

　　清宫陈设品。撇口，厚唇，束颈，溜肩，敛腹，圈足，双"S"形耳。通体透明蓝玻璃，素面无纹，仅以其深邃的颜色、规矩的造型和闪耀的光泽取胜。造型上仿瓷器，体现了清代玻璃工艺对传统制瓷工艺的借鉴和吸收。瓶身吹制而成，双耳以玻璃溶液在半凝固状态下塑形贴饰，因厚薄不同而产生的蓝色深浅有别，更增加了静谧的感觉。

清粉红玻璃冰纹缸

清中期 | 高 11.9 厘米，口径 8.5 厘米，腹径 8.7 厘米，底径 5 厘米
Pink Glass Pot with Ice Flower Pattern, the Qing Dynasty

清宫生活用品。敞口，短颈，溜肩，圆腹，上半部分形似渣斗。腹下渐收，接厚圈足。此缸为单色玻璃制品，全器采用粉红色玻璃，半透明状，光素无纹，以器身裂冰纹为饰，冰裂自然，斑驳无序，虽不加雕琢，却具有天然的美感。

清黄玻璃刻花荷叶形高足盘（一对）

清中晚期 | 每盘高 15.9 厘米，碗口宽 19 厘米，底宽 10.5 厘米

A Pair of Lotus-shaped Yellow Glass Goblet Plates, the Qing Dynasty

　　清宫陈设及工艺品。通体为半透明黄色玻璃烧制。高足托荷叶式造型，花口，浅腹，高柄，平底内陷。盘内壁光素，花口处掐波浪纹，外壁磨刻整齐的菱形花纹，底部接素面圆柱形高柄，柄上部有一圈突起，并磨刻连珠纹，柄底端呈圆形足。足外光滑，底内陷并磨刻与盘外壁相同菱形花纹，通过透明玻璃与上部相呼应。造型优美，几何形纹饰简洁，其高柄具有西方玻璃器的艺术风格。

6

清红玻璃菊瓣碗（一对）

清中晚期 | 每碗高 6.6 厘米，口径 18.3 厘米，底径 9.2 厘米

A Pair of Red Glass Bowls with Chrysanthemum Pattern, the Qing Dynasty

　　清宫生活用品。此对玻璃碗造型、纹饰皆相同。敞口，弧腹下敛，平底，小圈足。通体为红色透明玻璃，模制而成。碗内壁平滑，口沿外部一周光滑带，外壁均匀突起菊瓣纹，外底亦模刻菊瓣纹，从中心向四周辐射。

清咸丰款蓝玻璃小杯

咸丰年间（1851—1861）| 高 4.2 厘米，口径 6.2 厘米，底径 3 厘米
Emperor Xianfeng Period Blue Small Glass Cup, the Qing Dynasty

　　清宫生活用品。敞口，直壁，平底微内凹。通体为淡蓝色透明玻璃，内壁光素，外壁磨刻几何形线条构成的花蝶纹样，线条简单。外底中心模刻单方框，内刻"咸丰年制"4字2行楷书款。造型简单，纹饰简练。清代玻璃器制作经过康乾时期的鼎盛到咸丰时期，工艺已不如从前，在选料和式样上也难有创新，基本以单色为主，式样仿照前朝。从这件咸丰款的小杯，基本可以窥见咸丰朝玻璃器的大致面貌。

清红料双兽耳烟壶

清中期 | 高6厘米，腹长径3.5厘米
Red Glass Snuff Bottle, the Qing Dynasty

古代料及料器，是自明代开始，根据制造的方法对玻璃器的另一种称谓。

此烟壶为清宫生活用品及工艺品。壶整体扁圆形，椭圆口，直颈，圆肩，直腹，整体略呈长方形。红色料地，有模吹制，两面光素无纹，半透明状，壶内小勺清晰可见。肩部模刻团形双兽，巨目阔口，口衔圆环至腹。附碧玺盖。

鼻烟壶为满、蒙古等北方民族盛放鼻烟所用的小壶（瓶），后成为工艺品。质地繁多，料器为其中一种。在清宫档案中记载，造办处玻璃厂每年均生产大量的玻璃鼻烟壶，用于宫廷日常使用及赏赐等。

清紫料双兽耳烟壶

清中期 | 高 7.2 厘米，宽 4.5 厘米
Purple Glass Snuff Bottle, the Qing Dynasty

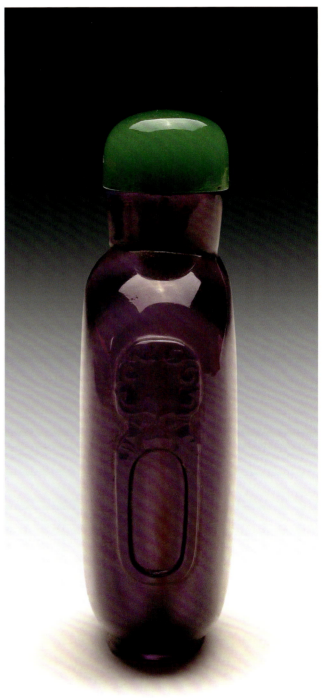

　　清宫生活用品及工艺品。烟壶为紫料地，直颈，溜肩，直腹壁，椭圆形圈足，主体扁平，正反两面呈圆角长方形，光素无纹，肩腹部雕双狮衔环。半透明胎体露出内部小勺，附绿料盖。

清黄料雕花烟壶

清中期 | 高 5.5 厘米，口径 1.4 厘米，腹径 5 厘米，底径 2.3 厘米
Yellow Glass Snuff Bottle, the Qing Dynasty

清宫生活用品及工艺品。烟壶扁圆形，圆口、短直颈，硕腹溜肩，椭圆形圈足。黄色透明料地，有模吹制而成，半凝固状态时直接在胎上一面模刻荷花、梅花，另一面模刻牡丹、玉兰等花卉纹饰，肩部模刻双兽衔环耳，整体有浮雕效果。附绿料盖。整体造型规矩，一体而成。

清紫料浮雕人物烟壶

清中期 | 高 6.1 厘米，口径 1.8 厘米，腹径 5.2 厘米
Purple Glass Snuff Bottle, the Qing Dynasty

　　清宫生活用品及工艺品。扁圆形，圆口，短颈，丰肩，硕腹，平底。无盖，内附小勺。一面装饰古松一株，一长髯老者依树而坐，旁置一钵，一面草书"壶酒消红日"，并钤印两个。为仿瓷质、玉质鼻烟壶的装饰手法。通体紫色透明玻璃，质地纯净，光泽度强，呈现出水晶般效果。造型浑圆，厚壁，采用琢玉的工艺制成。

（二）双色、多色玻璃

Two-color, Multi-color Glass

　　清代中期，宫廷贵族的审美标准已有较大提升，十分讲究对不同色彩的追求。在清宫烧制彩色玻璃过程中，除了单一色的玻璃器，也注重双色、多色玻璃器物的设计和烧造，努力追求不同色彩的搭配与和谐。

　　在清宫内部，皇帝、后妃和宫廷贵族在设计及制作器物、服饰时，已逐渐放弃红、黄、白、蓝原始色彩观，转向更为考究的中间色、过渡色甚至是冷艳色，这亦成就了当时宫廷玻璃器物典雅、清爽的外观之色。

清红玻璃高足杯

清中期 | 高 28.6 厘米，口径 12.2 厘米，底径 12.8 厘米
Red Glass Goblet, the Qing Dynasty

　　清宫生活用品及工艺品。杯身红色透明玻璃，吹制而成。直口，斜直壁，圆底。下粘接高柄。柄上、下为柱形透明玻璃，中部为红白两色玻璃扭成绳状，于半凝固时盘曲成内外心形，再在两侧各粘四朵红玻璃花瓣，上压方格纹，宛如一朵盛开的向日葵花。柱柄下呈透明玻璃圆盘以为足。足边起棱一周，底部内陷。整体造型美观，构思巧妙。素面的红色杯身熠熠生辉，配上花朵般两色高足，兼具纯色透明与两色搅胎效果，线条表现繁简结合。

清绿玻璃方形高足碗（一对）

清中期 | 每碗高 16.2 厘米，口径 12.2 厘米，底径 10.1 厘米，把高 8 厘米

A Pair of Green Square Glass Bowls, the Qing Dynasty

　　清宫生活用品。一对高足碗造型、颜色皆相同。碗方形，其外形近似于杯，口沿部均匀压出四瓣花口，弧壁，圆底。底接柱形高柄，中有圆箍，下承圆形足。碗身主体绿色，莹莹光润，如翠似玉，口沿内侧一周白色。高足部分均为透明玻璃。造型简洁，线条流畅。

3

清蓝玻璃冰纹荷叶高足杯（一对）

清中期 | 每杯高 17.5 厘米，口径 15.7 厘米，底径 10.8 厘米
A Pair of Blue Glass Goblets with Ice Flower Pattern, the Qing Dynasty

　　清宫生活用品。此对高足杯造型、颜色相同。杯体荷叶形花口，深腹、弧壁，下承高足，圆底内陷。杯体为透明孔雀蓝色玻璃吹制而成，并在半熔状态下，压成花口，增添美感。内壁光滑，外壁表面有凸凹不平、斑驳无序的不规则褶皱，如冰裂纹般极富层次感。高足部分为透明玻璃，光素无纹，实用性强。

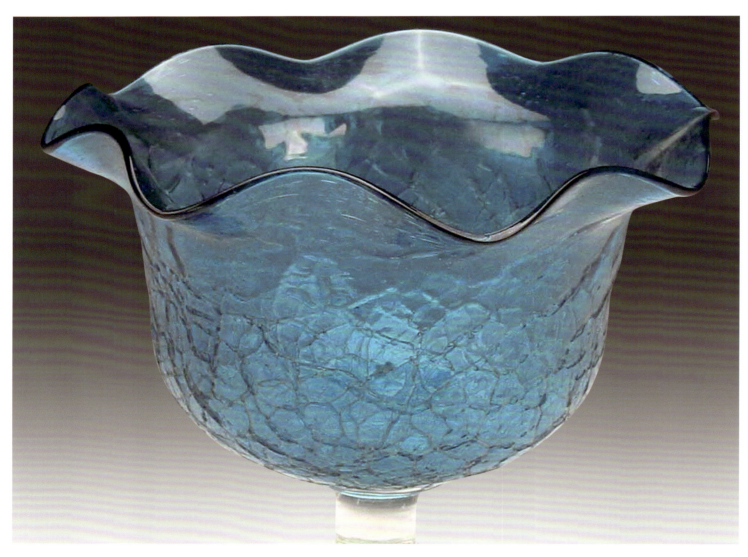

4

清粉红玻璃暗花盖碗（一对）

清中晚期 | 每碗全高 15.3 厘米，口径 15.4 厘米，底径 8.5 厘米
A Pair of Pink Glass Lid Bowls with Pattern, the Qing Dynasty

清宫生活用品、餐具。此对盖碗属清宫常见的生活器皿。两碗造型纹饰均相同，通体透明红玻璃制成，分上盖、下碗两部分，以子母扣相合。盖呈圆弧形，顶接透明玻璃六棱柱形纽。碗为直口，弧壁圆腹，小圈足，盖面及碗腹部均磨刻一周缠枝花纹。

清粉红玻璃折梁花篮

清中晚期 | 全高 17.4 厘米，全宽 15.5 厘米
Pink Glass Flower Basket, the Qing Dynasty

清宫陈设品及工艺品。花篮主体为粉红色透明玻璃，圆形似碗，深腹，平底，口部外接六片花瓣，形成微敛的花口，宛若花苞将绽。花口为透明玻璃，边缘白色，内部竖向凸起条纹，上有不规整的圆突点，如缀点点露珠。透明玻璃制成的单股提梁，在半熔状态下于中部扭转成结，两侧与器身粘合。整个花篮造型独特，色彩明艳，充分利用了玻璃的延展性和可塑性，体现了高超的制作工艺。

清粉红玻璃荷叶碗（一对）

清中晚期 | 每碗高 8.3 厘米，口径 15.3 厘米，底径 11 厘米
A Pair of Pink Lotus-shaped Glass Bowls, the Qing Dynasty

清宫工艺品、生活用品。用于陈设及盛储。该对玻璃碗造型、纹饰皆相同。粉红色透明玻璃，荷叶形花瓣口，每个花口边缘又压波浪形褶皱，深腹，外部磨整齐的菱形花纹，凹凸不平。底部外接透明玻璃压印的六个叶形足，两叶之间向上卷起与碗身粘合。粉红色与透明色相配，上部花口与叶形足上下呼应，使整体造型宛如一朵盛开的花，别具匠心。凹凸的外壁，叶脉清晰的底足，对光产生各种角度的反射，使整碗溢彩流光。

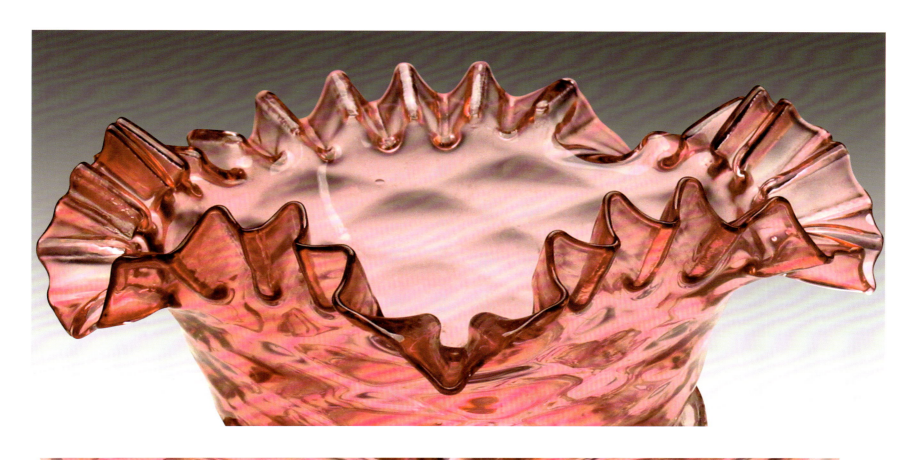

7

清淡黄玻璃刻菊花花篮（一对）

清中晚期 | 每件花篮全高10厘米，长14.9厘米，宽6.9厘米

A Pair of Light Yellow Glass Flower Baskets with Engraving Chrysanthemum Pattern, the Qing Dynasty

　　清宫陈设品及工艺品。整个花篮由淡黄色玻璃磨制。近似船或元宝形，花瓣形口，弧腹，平底，足外撇，椭圆形花瓣式。口沿两侧中部各有提梁，初始为两股，至顶端合二为一，两侧提梁错开相对，形成提手，别有新意。腹部对称式出筋八道，其间填满磨刻几何纹饰构成的大小团花。足外饰菊花纹。整体造型别致，制作工艺精湛。

清红白玻璃暗花大盘

清中晚期 | 高 7.5 厘米，口径 28 厘米，底径 12.7 厘米
Large Red and White Glass Plate, the Qing Dynasty

　　清宫生活用品。葵瓣口，浅腹，平底，壁形
足。由粉红色玻璃烧制而成，色彩由花口至盘心
逐渐变浅，形成红白玻璃两色效果，过渡自然。
内壁平滑，外壁磨刻一周缠枝葡萄花纹，呈磨砂
玻璃状。底足为实足，为后粘合在器底上。整件
大盘造型大方、器薄体轻，口沿及底足均具有清
早期瓷器及玉器的特征。

清金黄色玻璃刻花荷叶形高足碗

清中期 | 高 11.3 厘米，口径 18.4 厘米，底径 8.5 厘米
Gold Lotus-shaped Bowl with Engraving Pattern, the Qing Dynasty

　　清宫生活用品。通体为金黄色半透明玻璃。波浪形花口外撇，宛如一片卷起的荷叶，浅腹，底外接八棱形短柄，八角形底足，足内陷。内壁有四瓣孔雀花翎纹及弦纹。外腹壁有以上下大波浪纹带相交形成的四个橄榄形开光，波纹带由磨刻的双层方形凸起组成，开光内为深浅不同的星纹、菊瓣纹、几何纹饰，并以排列整齐的谷纹为地。底足外部素面，内有正五角形开光，磨刻菊瓣纹及几何纹饰，与腹部纹饰上下呼应。此碗造型美观大方，纹饰磨刻繁缛，质地精纯，迎光而视，色彩绚丽夺目，金黄灿灿，并有螺钿般五彩光泽，具有贵族气息。

清金黄色玻璃荷叶形碗（一对）

清中期 | 每碗高 7 厘米，口径 18.6 厘米，底径 7.4 厘米

A Pair of Gold Lotus-shaped Glass Bowls, the Qing Dynasty

　　清宫生活用品。此对玻璃碗造型、颜色均相同。八瓣式花口，口边为一周波浪形小花，敞口，弧壁，平底，圈足。内壁起棱，呈菊瓣纹状，外壁光素。整体造型为微卷的荷叶状，纹饰简洁大方，通体金黄色，并伴随着迎光泛起的五彩斑纹，绚烂耀眼。

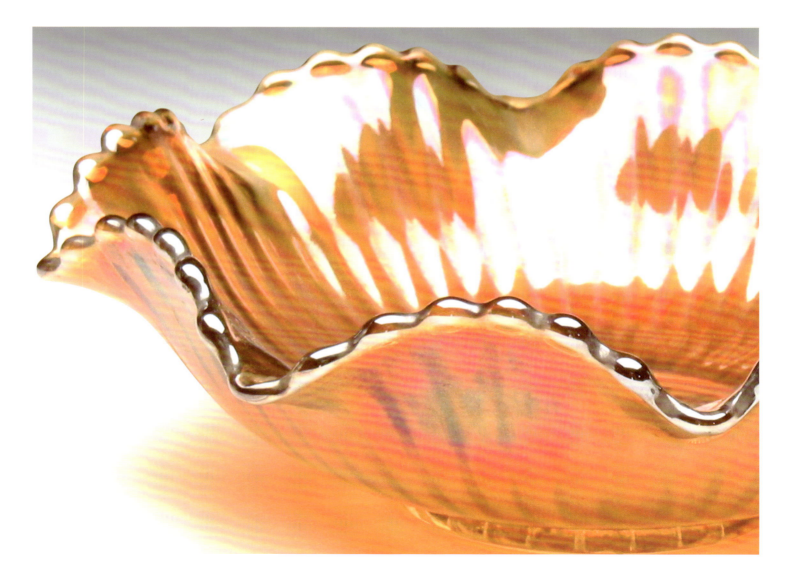

11

清金黄色玻璃莲瓣碗（一对）

清中期 | 每碗高 7.8 厘米，口径 22.5 厘米，底径 9.5 厘米
A Pair of Gold Lotus-shaped Rim Bowls, the Qing Dynasty

　　清宫生活用品。该对玻璃碗造型、工艺、色泽、纹饰相同。莲瓣式撇口，斜直腹，平底，假圈足。碗内壁平滑，外壁随花口至底足磨刻莲瓣式纵向凹槽，腹部中间有一条横向凹下条纹，形成规整的上下两层各十六处区间，各区间内磨长圆形凹陷为饰，使外壁呈现规则的凸凹不平。碗身金黄色，圈足透明。造型美观，宛如一朵盛开的莲花，色彩艳丽，尤其是凸凹不平的外壁和花口对光的反射与折射，形成夺目的斑斓与绚丽。

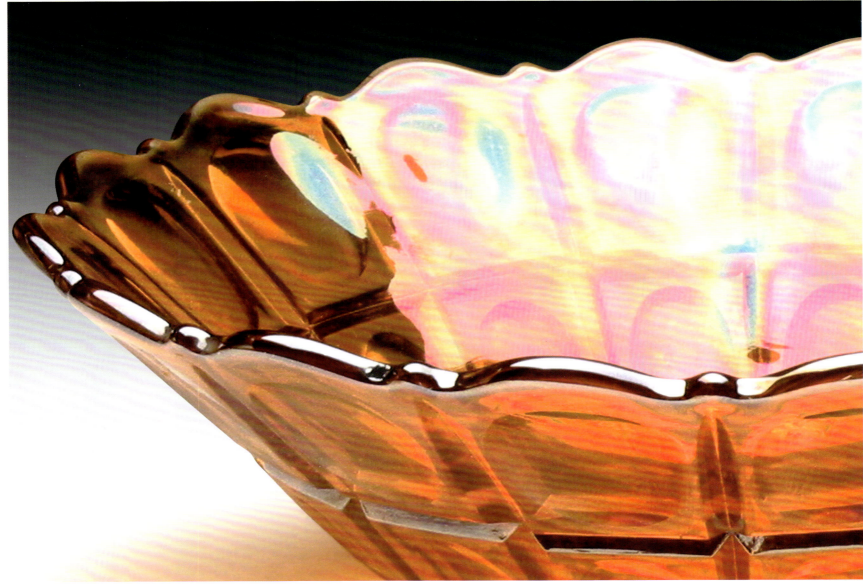

（三）单色料器

料器既是古代玻璃器的一个代称，亦可以是专指不透明的玻璃器，即所谓的"呆玻璃"。

按照清宫当时对于玻璃器材质的称谓，可分为明玻璃（亦称亮玻璃，即透明玻璃）、呆玻璃（亦称涅玻璃，即不透明玻璃）两大类。

在清代中期，由于玻璃制造工艺十分发达，已能生产出颜色纯正的料器。从清宫传世的料器看，其优良的材质、干净的质地反映出当时玻璃生产已达极高水平。

1

清乾隆款黄料御题诗文瓶

乾隆四十五年（1780）｜高 19.5 厘米，口径 8.5 厘米，底径 7 厘米
Emperor Qianlong Period Yellow Glass Vase, the Qing Dynasty

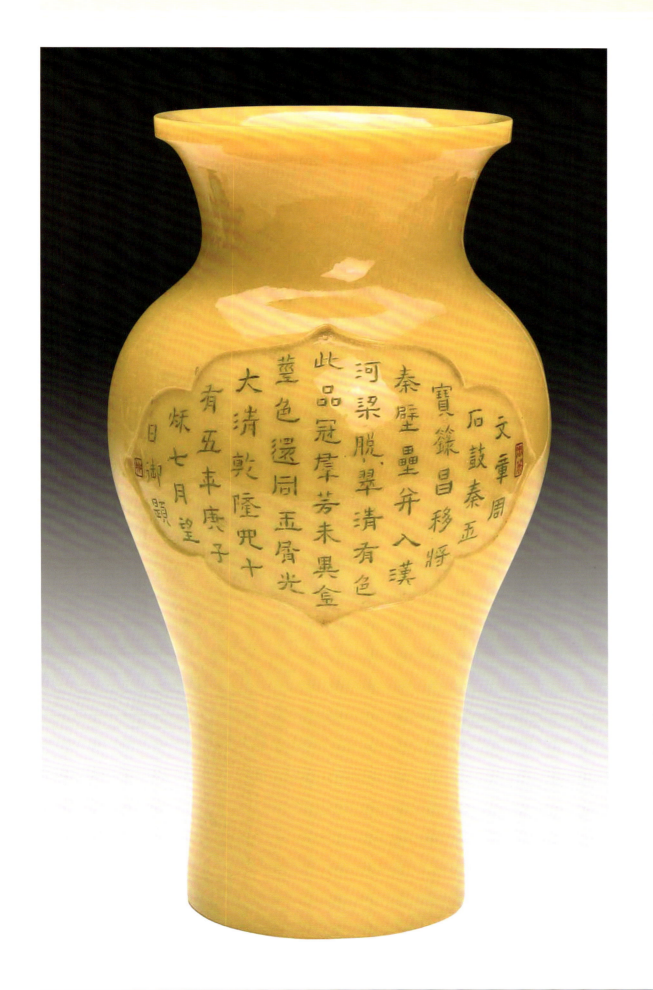

　　清宫陈设品及工艺品。此瓶为盘口，束颈，溜肩，敛腹，腹下部微向外撇，使口足相若，平底。通体为黄料吹制而成。胎质细腻纯净，温润似玉；器身两处磨刻内凹四合花瓣形开光，一侧阴刻满文，填朱红色彩，另一侧阴刻汉文，填淡绿色彩，为乾隆皇帝御题诗文："文章周石鼓，秦玉宝录昌。移将秦壁垒，并入汉河梁。脱翠清有色，此品冠群芳。未异盒茎色，远同玉屑光。"诗后署款："大清乾隆四十有五年，庚子秋七月望日，御题。"诗前后各有红色钤印；瓶底中央阴刻红色"大清乾隆御制"6字3行篆书款。

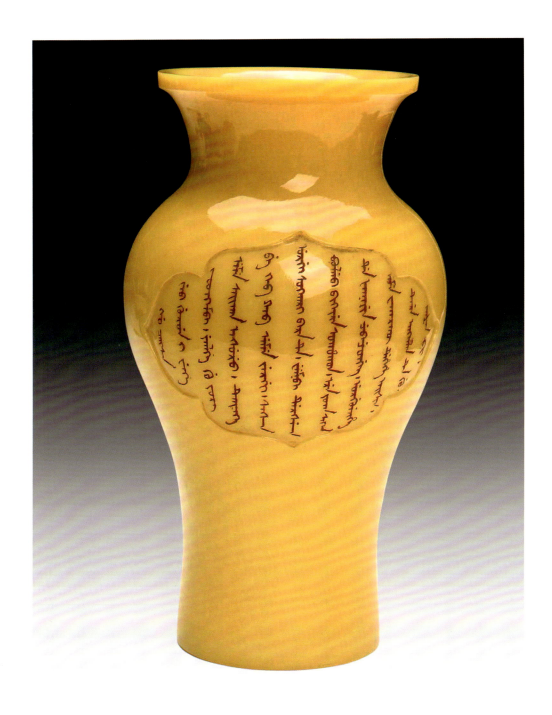

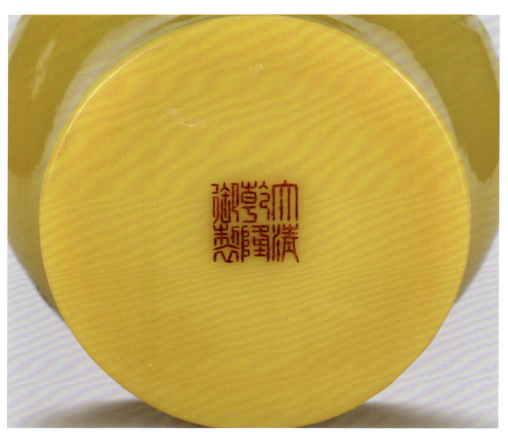

2

清乾隆款绿料瓶

乾隆四十二年（1777）｜高 20.4 厘米，口径 5.4 厘米，底径 5.7 厘米
Emperor Qianlong Period Green Glass Vase, the Qing Dynasty

清宫陈设品及工艺品。绿玻璃吹制而成。撇口，束颈，垂腹，高圈足。造型似瓷器中的玉壶春瓶，只是足稍高。腹部前、后各有阴刻描金圆形开光，开光内均阴刻满汉文字，主体为满文，首尾为汉文。一开光内汉文"乾隆四十""二年丁酉"分刻满文前后，开光上有腰圆篆书"乾隆御笔之宝"印。另一开光内汉文"秋七月朔""丑日御笔"分刻于满文前后，题款前后均有钤印。所有满汉文字及钤印均填金，底足中心为填金双方框，内书"大清乾隆年制"6字3行篆书款。

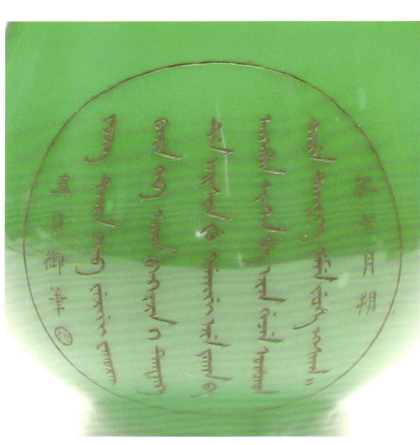

清乾隆款蓝料开光描金瓶

乾隆五十二年（1787）| 高 32 厘米，口径 7 厘米，底径 9 厘米
Emperor Qianlong Period Blue Glass Gilt Vase, the Qing Dynasty

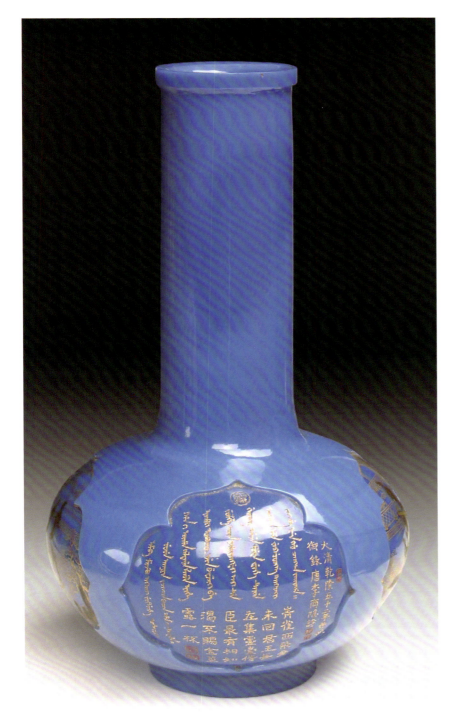
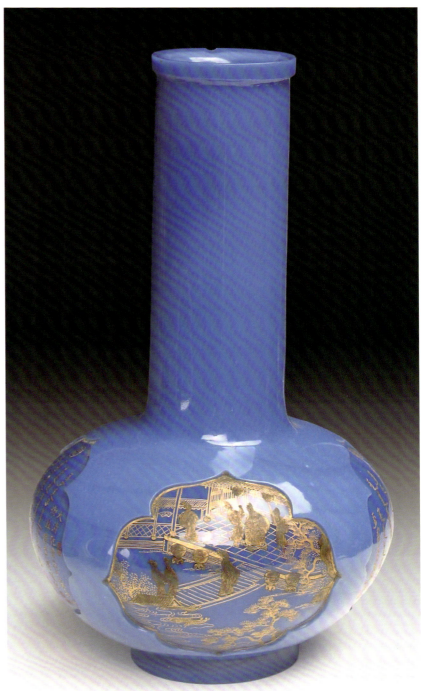

清宫陈设品及工艺品。盘口，直长颈，浑圆腹，圈足。形似天球瓶，唯颈部过长。腹部四面磨刻内凹四合花瓣形开光，两处开光内为阴刻描金李商隐的两首诗，一首为隶书体《汉宫词》："青雀西飞竟未回，君王长在集灵台。侍臣最有相如渴，不赐金茎露一杯。"另一首为《吴宫》："龙槛沉沉水殿清，禁门深掩断人声。吴王宴罢满宫醉，日暮水漂花出城。"每首诗均题"大清乾隆五十二年仲秋，御录唐李商隐诗"款，并有"八征耄念"等钤印。诗句和题款均满汉文对照，并填金装饰。另两处开光内描金绘诗意图，一幅殿阁人物，君王端坐，侍臣朝拜；另一幅人物游于殿阁、荷塘。诗画穿插，形成一诗一画的传统形式。圈足内描金"大清乾隆御制"6字3行篆书款。通体蓝色，深沉静谧，描金装饰，富丽堂皇，并集满汉文、诗书画于一体，更显珍贵。

清黄料浅雕山水人物烟壶

清中晚期 | 高 7 厘米，宽 5.5 厘米
Yellow Snuff Bottle with Engraving Pattern, the Qing Dynasty

　　清宫生活用品及工艺品。此鼻烟壶为黄色料胎，胎质匀净，扁圆形，直口硕腹，圈足，造型规整。腹部一面浅雕山水人物，远山嶙峋，近树苍劲，枝叶繁茂，山脚下流水潺潺，溪上小桥，一老者拄杖行于其上，小童携琴跟随身后。背面浅刻楷书诗文："古之所谓豪杰之士，必有过人之节。人情有所不能忍者，匹夫见辱，拔剑而起，挺身而斗，此不足为勇也……"下刻"吴""印"方圆连珠印。语出宋代苏轼《留侯论》。雕刻文句与正面绘画内容相得益彰。壶顶附红料盖。

清黄料素面烟壶

清中晚期 | 全高 7 厘米，宽 5.5 厘米，壶高 6 厘米
Yellow Snuff Bottle, the Qing Dynasty

清宫生活用品及工艺品。黄色料胎，有模吹制而成。整体呈扁圆形，直口，短束颈，圆腹，椭圆形圈足。全壶素面无纹饰，壶身金黄色，玻璃质地纯净细腻，表面光滑，光泽度强。附红料盖。据清人赵之谦在《勇庐闲话》中说"制壶之始，仅有玻璃，余皆后起也"可知，最早的鼻烟壶都是由玻璃制作的。

鼻烟最初传入中国时，使用者专门设计一个器具来盛放，多数以原装进口的玻璃鼻烟盒和小巧的玻璃瓶来装鼻烟，导致早期鼻烟壶大多采用玻璃器制作，传播最为广泛。

清白料浮雕兽面耳烟壶

清中晚期 | 全高 5.9 厘米，宽 4 厘米
White Snuff Bottle with Engraving Pattern, the Qing Dynasty

 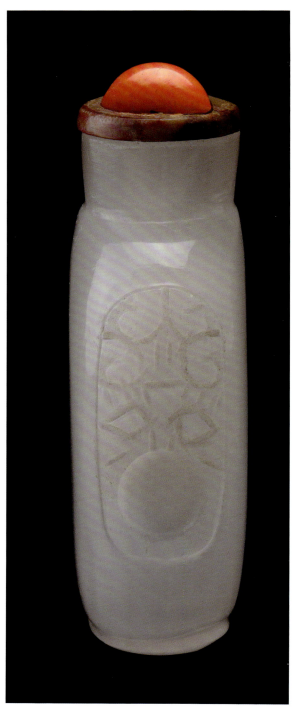

　　清宫生活用品及工艺品。直口，短颈，圆肩，直壁，腹部略呈椭圆形，矮圈足。通体白色料胎制成，半透明。肩部模刻双兽面耳，有浅浮雕的效果。壶顶部附红料盖。清宫造办处玻璃厂，每年烧造大量的玻璃鼻烟壶，用于宫廷御用及赏赐下臣，可见鼻烟壶在清宫中甚为流行。

清黄料烟壶

清中晚期 | 高 4.6 厘米，腹径 4.3 厘米
Yellow Snuff Bottle, the Qing Dynasty

清宫生活用品及工艺品。深黄色半透明料地，吹制而成。直口，短颈，圆肩，硕腹，圈足。器身光润无纹，肩部雕双兽耳衔环。壶身半透明，可见腹内小勺。无盖，仅存一绿色料地垫圈。造型规矩秀美，小巧可爱。

三 复合玻璃

III. Composite Glass

复合玻璃主要是指利用玻璃生产过程中可以变形、糅合、掺色以及套色等技艺，而创新烧制成特殊的玻璃制品。此类玻璃器已不再是单色或彩色玻璃，其材质和外观均出现前所未见的新款式，因而不仅在当时受到宫廷贵族的喜爱，至今亦为观赏者所称赞。

复合玻璃的出现，与清中期内务府造办处的盛极发达有直接关系。当时宫廷匠师可以按照皇帝旨意，利用掌握的工艺技术选取各种优质材料去创新，因此创烧出搅胎、缠丝、金星石、点彩、夹金银、夹彩和各式套料玻璃新品，从而极大地丰富了传统玻璃制造技艺，生产出精致典雅的特殊玻璃品种。

（一）搅料

搅料又称为搅胎料，它是利用玻璃熔解后定形期间可变形、可相融的特性而创新制成。

此类玻璃器的制作工艺，源自当时宫廷盛行的搅胎瓷器、搅胎漆器技术。当玻璃熔解并按设计逐步塑形期间，匠师们手持特殊工具，将两种或两种以上的彩色玻璃进行搅拌定型，最终形成色彩多变、图案梦幻的器物表面。

清粉白花玻璃双耳瓶（一对）

清中晚期 | 每瓶高 18.4 厘米，口径长 14.3 厘米、宽 10.2 厘米
A Pair of Pink White Handle Glass Vases, the Qing Dynasty

清宫陈设品、实用器。此件玻璃瓶采用搅胎料制作，将传统的搅胎瓷工艺与玻璃生产结合一体，制作出华丽美观的新式玻璃器。两件玻璃瓶材质、造型、做工均相同，以搅胎吹制、粘制、压模等工艺制成。外形类似天球瓶，长细颈、圆腹，口部以透明玻璃粘制花口，花瓣向外突出，呈片状结构；颈部左右两侧，粘制花式双耳；颈部及腹部均以搅胎工艺制成条纹图案，粉色与白色相间，自上而下呈多组连环状组合；瓶底部粘制扁盘状底足，形成稳固的瓶底。

清紫白料四足盖盒

清中期 | 全高 11.3 厘米，口径 6.7 厘米，腹径 7.3 厘米，底径 6.5 厘米
Purple Four-foot Glass Lid Box, the Qing Dynasty

　　清宫陈设品、实用器。该盒以紫色、浅灰色、白色搅胎料制作，总体为上盖、下盒长方多棱形状。顶部为三瓣环形纽，盖与盒为子母口，盖沿、盒口沿及底边饰竖状条纹；盒身左右侧制双耳，底部制以三角状四足；盖与盒均为深浅多变的条纹状搅胎纹，盒身表面另制细小凸点装饰，颇具现代艺术之美。

3

清粉玻璃葡萄花双环耳盒（一对）

清中晚期 | 每盒全高 10.6 厘米，腹径 10.7 厘米
A Pair of Pink Handle Glass Earring Boxes with Grape Pattern, the Qing Dynasty

　　清宫后妃生活实用器，为盛装胭脂的粉盒。
两件粉盒材质、造型、做工及图案均相同，总体
呈圆盒式，上部为凸起圆盖，下部为碗状圆盒。
盒盖、盒身采用粉色、白色玻璃搅胎制作，盒体
轻薄透光，花斑缤纷；盒盖顶部及盒身外壁采用
金色凸粉，制成葡萄图案，叶片内填绿彩，形成
温馨的装饰效果；盒盖、盒口安有金属镶边，左
右侧安置圆环提手，前部为金属锁扣，盒底部制
有金属托环及盘丝三足，反映出清宫后妃高端雅
致的生活情趣。

清黑绿黄料烟壶

清中晚期 | 高 5.4 厘米，腹长径 4.2 厘米
Black Green Yellow Snuff Bottle, the Qing Dynasty

　　清宫实用器、赏玩器。此壶为宫廷贵族使用的鼻烟壶，以搅胎吹制法制成，总体呈扁圆形，上部配有碧绿色翡翠半圆盖，底部为椭圆形足。通体以乳白色玻璃搅以黑、绿、黄色及褐色花斑状色料，图案类似鱼麟纹；壶口部较直，所用乳白色料较多，彩色料较少，呈丝纹斜线状。全壶色彩斑斓，极具欣赏价值。

　　清宫实用器、赏玩器。此件烟壶以搅胎吹制法制成，外形呈扁圆形，上部配有圆纽形粉色碧玺盖，底部为椭圆形足。通体以黄褐色玻璃搅以紫黑、土绿色花斑状色料，如絮如绵，层叠不绝，恰如琥珀中沉淀着千万年的生命碎片。

（二）金星料

　　金星石玻璃又称"温都里那石"，它是乾隆朝由传教士和宫廷匠师合作创烧的一种特殊玻璃品种，且只有乾隆朝烧造的金星石才是最佳的金星玻璃。

　　清宫金星石玻璃总体数量较少，体量也较小。其外观呈棕褐色，玻璃体内闪烁着无数个金色光点，于凝重中自具耀目金光，因而成为清宫玻璃器中的最佳品种之一。

清金星石笔筒

清中晚期 | 高 18.2 厘米，口径长 5.9 厘米、宽 3.6 厘米，底径长 13.4 厘米、宽 5.2 厘米
Venus Stone Brush Pot, the Qing Dynasty

　　清宫陈设品、实用器。此件笔筒总体呈桃树枝干式，中央为粗大的空心主干，用以插笔，主干周围为圆雕、浮雕细干及桃实、枝叶，一侧制有一只飞鸟，笔筒底部一侧浮雕秀石、竹子，旁边制有一个圆球状水丞，用以盛装清水。全器采用有模吹制、粘塑等工艺，材料则为名贵的金星石，在棕褐玻璃地中有无数金星闪烁，细看有如夜空中的繁星，样式及工艺均十分精致。

清金星石戒指

清中晚期 | 径宽 2.8 厘米，壁厚 1.2 厘米
Venus Stone Ring, the Qing Dynasty

清宫帝后实用首饰。此件戒指采用珍贵的金星石材质制作，总体为圆环形，正面为略宽的马镫式，表面浮雕花卉及团寿字图案。此件藏品虽体量较小，但因材质是较为稀有的金星石而价值倍增。

　　清宫后妃实用首饰。该件戒指以特殊的金星石材料烧制而成，总体为圆环形，正面为略长的马镫式，表面为光滑素地，完全以棕褐色夹闪烁的金星石材料取胜。该戒指体量较小，设计灵活，制作精细，反映出清宫制品的精益求精。

　　清宫后妃实用首饰。该圆环以名贵的金星石烧制而成，外形为光滑圆环状，表面无任何装饰，内外均为光洁素面，全环为棕褐色掺以金色、白色闪烁之星，望之具有奢华气息。

（三）点彩、夹金银、夹彩

Spot Colour, Laminated Gold and Silver, Laminated Colour

　　清宫玻璃制品中的点彩、夹金银、夹彩等工艺，均属于宫廷玻璃器中的小类品种，此类玻璃器数量不多，制作单一。从清宫传世玻璃器物看，较少有色彩完全相同的器皿。

　　清宫点彩、夹金银、夹彩等品种外观奇妙，此类器物表面往往都有主体颜色，其间掺杂有耀斑状的小片特色，从而改变了此类玻璃器的观赏面貌。

清中晚期 | 每瓶高 18.9 厘米，口径 9 厘米，腹径 108 厘米，底径 5.2 厘米
A Pair of Blue Vases with Cockscomb Rim, the Qing Dynasty

　　清宫陈设品、实用器。此对玻璃瓶材质、做工及造型均相同，以吹制、模压、粘塑及夹饰银片等工艺制成，全器造型为花式鸡冠口，长颈、球腹，方框双耳，瓶底为扁圆足。口部压模制成鸡冠花状扁口，其下为细长颈，球状圆腹，腹下部连接外撇圆足；颈肩部左右两侧粘制透明玻璃双框耳，耳外侧有乳丁状凸点，以便提取；器身表面为蓝玻璃掺夹银色斑片，如雪如银，其色妖娆。

清蓝料烟壶

清中晚期 | 全高 6.3 厘米，壶高 5.2 厘米，腹径 4.2 厘米
Blue Snuff Bottle, the Qing Dynasty

　　清宫实用器、赏玩器。烟壶是清朝中晚期宫廷中十分盛行的盛烟器具，同时也是贵族日常把玩、欣赏的工艺品。此件烟壶为扁圆形，上部为镶珊瑚铜鎏金圆盖，通体以蓝色料玻璃吹制而成，蓝料深邃，光彩夺目，烟壶表面以点彩方式略洒金色斑点，于通体的碧蓝中呈现金色花彩，令人心生爱慕。

清咖啡色料烟壶

清中晚期 | 全高 7.9 厘米，壶高 6.2 厘米，腹径 4.8 厘米
Brown Snuff Bottle, the Qing Dynasty

清宫实用器、赏玩器。此件烟壶总体呈扁方形，壶底为椭圆形圈足，壶上部为镶珊瑚铜鎏金圆盖，通体以咖啡色料玻璃吹制而成，色浓调暖，一片清新；烟壶一面以夹彩工艺绘制湖畔杂树，枝叶繁茂，花开缤纷，充分显示出彼时玻璃制造工艺的卓越表现力。

（四）纹　丝

纹丝玻璃又可称为缠丝玻璃，严格说来它亦可归入搅胎玻璃类。因制作过程中难度较大，故传世的此类玻璃器物数量较少。

清宫纹丝玻璃在烧制过程中，亦是利用玻璃材料在熔化、塑形之际可以相互融合的特性，在器表形成丝缕状或多组平行线状彩色玻璃，由此形成带有几何条纹的玻璃外观。

清中晚期 | 每件高 34.6 厘米，口径 6.5 厘米，腹径 10 厘米，底径 9.8 厘米

A Pair of Glass Flower Vases with Copper Gilt Rim, the Qing Dynasty

　　清宫陈设品、实用器。毛玻璃又称磨砂玻璃、雾面玻璃或乌玻璃，是用金刚砂磨制或以化学药剂腐蚀而形成的表面粗糙、半透明玻璃。此对玻璃花插为花瓶式外形，以毛玻璃为主要材料，上部为郁金香花朵造型，瓶口呈球形花口；下部瓶身为上窄下宽立柱式，表面以紫色玻璃洒制不规则丝纹，形成特殊的装饰效果；瓶身中间，安置铜鎏金附件，以增加其观赏性。

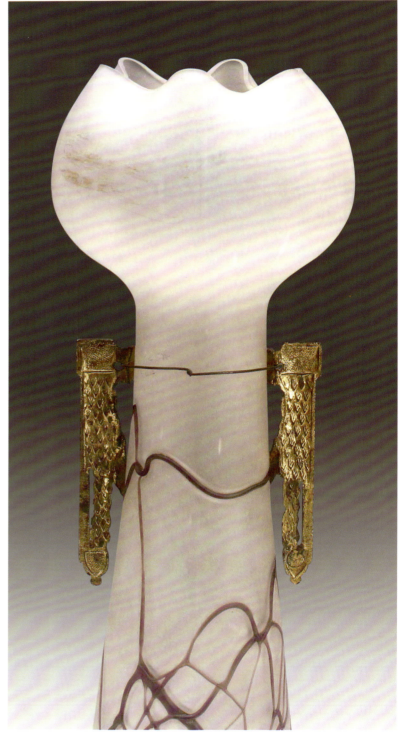

清白玻璃条纹荷叶碗（一对）

清中晚期 | 每碗高 9 厘米，口径 16.6 厘米，底径 9.6 厘米，足高 2.2 厘米
A Pair of White Lotus-shaped Bowls, the Qing Dynasty

　　清宫陈设品、实用器。此对玻璃碗材质、做工、造型均相同，采用吹塑、模压、粘制等工艺制作。全碗主要材料为半透明玻璃，其间夹制白色等线条纹，形成颇具艺术效果的丝纹玻璃。全碗外壁较薄，口部掐制成大瓣花朵图形，口沿制以波浪形花口，器身为碗形；碗下部以透明玻璃粘制六瓣花叶式底足。

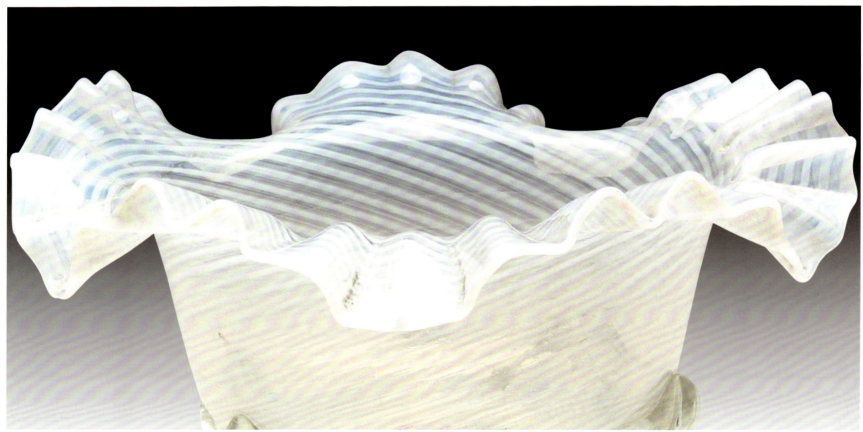

（五）粘塑套料

Sticky Plastic Sets of Material

　　清宫玻璃制造所采用的粘塑工艺和套料工艺，是宫廷器物制作的独创技法，在瓷器、珐琅器、漆器、玉器等各类制作中均无此技。

　　粘塑玻璃是利用玻璃材料在半熔状态下，可互相黏合、自然相融的特性。当一件玻璃器烧制成半成品时，可将其他造型的半熔玻璃与之相黏合，由此构成器物口部、双耳、器身装饰或底托部分，与全器形成完美的整体。

　　套料玻璃是乾隆朝盛行的玻璃制作技法，它基本上采用在一色玻璃外先满套（覆盖）另一颜色的玻璃，之后再按照图案设计对表面玻璃进行雕琢，从而形成前后层次错落、颜色变化互补的玻璃制品。当然，随着套料玻璃不断发展，其后又形成三色、多色套料玻璃制作，极大地丰富了清宫套料玻璃品种。

1

清粉玻璃贴葡萄花花瓶（一对）

清中晚期 | 每瓶高 20.4 厘米，口径 6.8 厘米，腹径 7.4 厘米，底径 6.3 厘米
A Pair of Pink Flower Bottles with Grape Pattern, the Qing Dynasty

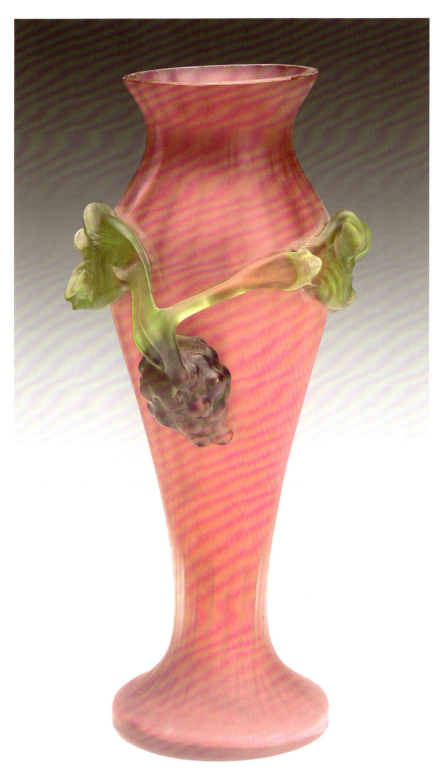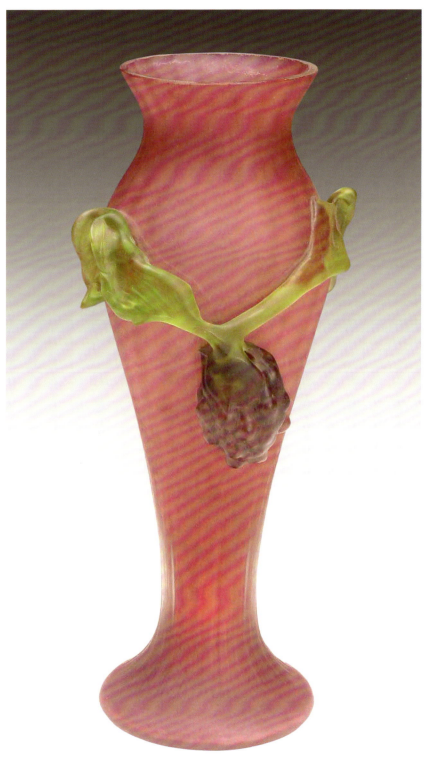

　　清宫陈设品、实用器。此对玻璃花瓶材质、做工、造型均相同，采用有模吹制、粘塑制作而成。全器以粉红色毛玻璃为主要材料，吹制成细长带棱的瓶体，口部宽大外撇，颈部略窄，瓶身下部内敛并拉长，形成狭长的下部，足部增宽，并转变为宽大的喇叭口式瓶底；瓶肩部以半透明绿色、紫色玻璃粘塑葡萄造型，形成雕塑式凸出的装饰效果。该对玻璃花瓶外形独特，工艺技法新颖，是珍贵的艺术精品。

2

清粉白玻璃花口双耳花瓶（一对）

清晚期 | 每瓶高 31.5 厘米，口径 12 厘米，腹径 13.9 厘米，底径 12.6 厘米
A Pair of Pink White Handle Glass Vases, the Qing Dynasty

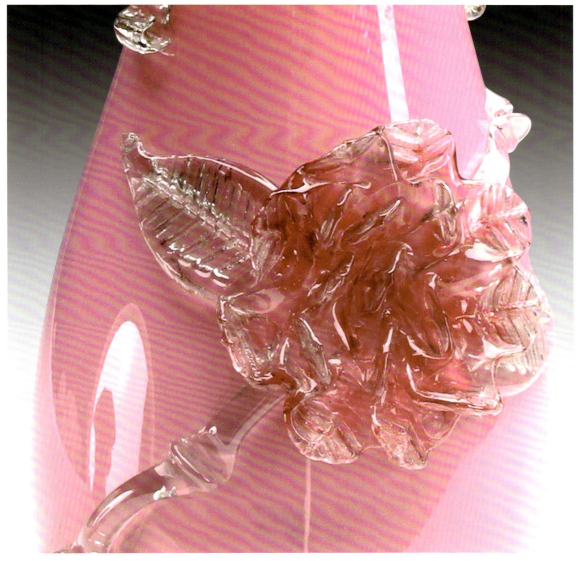

清宫陈设品、实用器。此对花瓶采用相同的材质、做工和造型，以白色外套粉色玻璃制花瓶，口部呈波浪式花口，翻卷起伏宛如绢帛；细颈左右两侧，以粘塑工艺制以透明双耳；瓶腹部正面以红斑玻璃模制、粘塑大朵玫瑰花，突出高起，颇具表现力；瓶底部以透明玻璃制圆盘状底托，晶莹无瑕。

清浅蓝玻璃花口双耳花瓶（一对）

清晚期 | 每瓶高 30.7 厘米，口径 12.7 厘米，腹径 13 厘米，底径 10.9 厘米
A Pair of Light Blue Handle Glass Vases with Pattern, the Qing Dynasty

　　清宫陈设品、实用器。该对花瓶采用相同的材质、做工、造型，以粉色外套浅蓝玻璃制花瓶，口部呈现波浪式花口，曲折婉转，颇具装饰意味；颈略细，其左右两侧以粘塑工艺制半环状双耳；瓶腹部正面以粉斑玻璃模制、粘塑大朵玫瑰花，花瓣在光洁的瓶身突出于外，形成特殊的艺术效果；瓶底部以透明玻璃制圆盘式底托，对瓶身起到稳定作用。

清宫陈设品、实用器。此对花瓶以相同的材质、做工和造型制成，以粉色外套绿色玻璃制花瓶，口部为大波浪式花口，上下舞动犹如浪花；颈部略细，其左右两侧以粘塑工艺制透明双耳；瓶腹部正面以小块红斑玻璃模制、粘塑大朵玫瑰花，花瓣晶莹，又与瓶身浑然一体，形成特殊的玻璃花装饰；瓶底部以透明玻璃制圆盘状底托，与上部透明双耳亦形成呼应。

5

清乾隆款蓝套料蕉叶缠枝花双耳花瓶

乾隆年间（1736—1795） | 高 25.3 厘米，口径 9.7 厘米，腹径 10.5 厘米，底径 10.8 厘米
Emperor Qianlong Period Blue Glass Vase with Banana Leaf Pattern, the Qing Dynasty

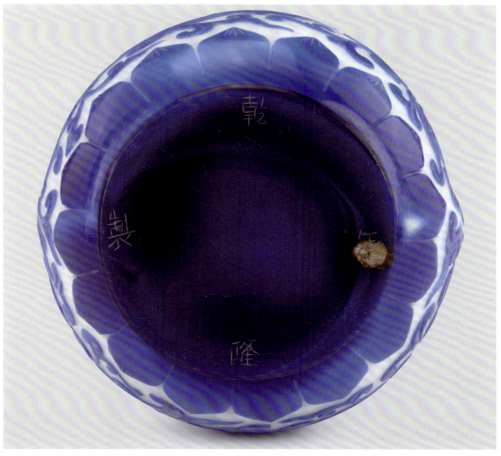

　　清宫陈设品、实用器。此件花瓶采用白色外套蓝料玻璃工艺，总体呈现玉壶春瓶造型，口部外撇呈喇叭口式，颈部较窄，瓶腹宽大呈球状，腹下部内敛，足部较高微向外撇；全器于白料之外套制蓝料，口部一圈弦纹，颈部为蕉叶图案，腹部满饰缠枝花卉，腹下部为莲瓣纹；底部为平底，在上下右左四处分刻"乾隆年制"年款。全瓶做工细致，蓝白相间，甚是好看。

6

清蓝地套料烟壶

清中晚期 | 高 7 厘米，宽 4.5 厘米，厚 1.7 厘米
Blue Snuff Bottle, the Qing Dynasty

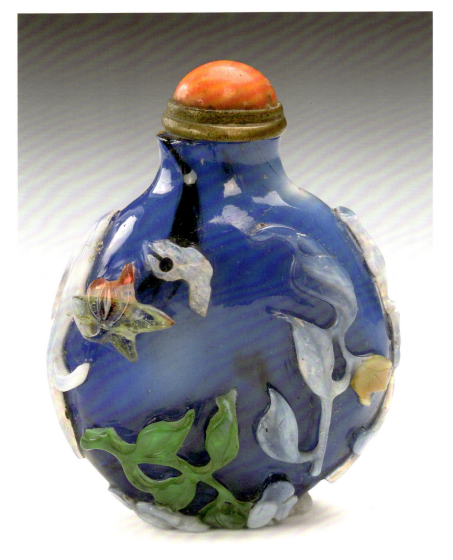

　　清宫实用器、赏玩器。此件烟壶为扁圆形，采用蓝色外套彩料玻璃工艺，壶上部为铜鎏金镶珊瑚圆盖；壶身均为深蓝色玻璃料，外套白色、绿色、红色、黄色等彩料玻璃，两面均制成花卉蝴蝶图案，形成色彩艳丽的套料玻璃制品。

清中晚期 | 全高 8.7 厘米，壶高 7.5 厘米，宽 4.3 厘米
Red and Green Glass Snuff Bottle with Gourd Pattern, the Qing Dynasty

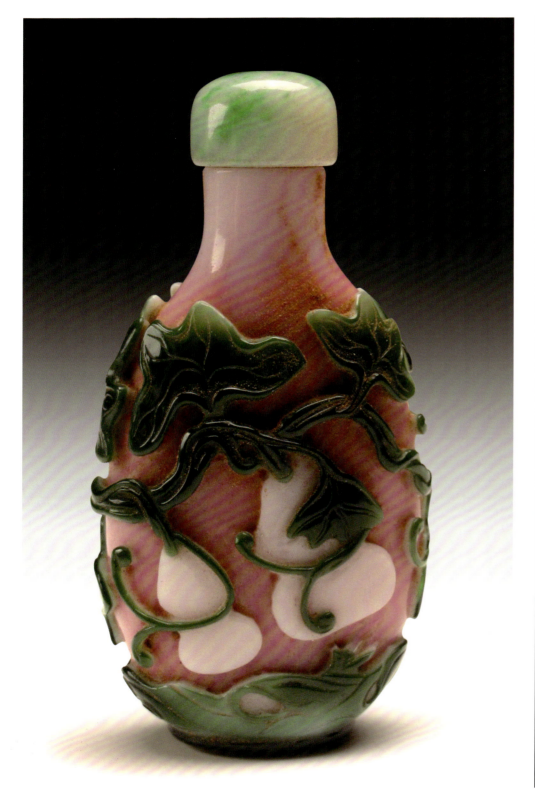

　　清宫实用器、赏玩器。该件鼻烟壶为扁长形，采用粉红色外套彩料玻璃工艺，壶上部为白绿相间的翡翠圆盖；壶身均为粉红色玻璃料，外套绿色、白色彩料，两面均制成绿色的葫芦藤蔓，其上挂缀白色葫芦，壶底部为套绿秀石装饰。全壶绿色套料与浅绿色壶盖相配，天成自然，令人叫绝。

清褐套绿料烟壶

清中晚期 | 全高 8 厘米，壶高 7.5 厘米，宽 3 厘米
Brown and Green Glass Snuff Bottle, the Qing Dynasty

清宫实用器、赏玩器。此件鼻烟壶为圆柱形，采用褐色外套暗绿料玻璃工艺，壶上部为
白玉制壶盖，绝无修饰；壶身均为黄褐色玻璃料，外套暗绿色料，为山水、植物、人物故事图
案。全壶外套暗绿色玻璃，看似黑色，迎光而视则呈蓝绿色，颇具艺术欣赏性。

清中晚期 | 全高 8.2 厘米，壶高 6.9 厘米，宽 3.5 厘米

Blue and White Glass Snuff Bottle with Horse Pattern, the Qing Dynasty

　　清宫实用器、赏玩器。此件鼻烟壶为扁长形，采用深蓝色外套白料玻璃工艺，壶上部为铜鎏金镶绿色翡翠圆盖；壶身均采用深蓝色玻璃料，正反两面均外套白色料，制成白马造型，缓步前行，姿态自然；壶底部为灰白色椭圆底。全壶蓝料呈现宝石蓝色，其外套以纯白色玻璃，蓝白相衬，格调高雅。

清套料雕海水红日烟壶

清中晚期 | 高 5.3 厘米，腹长径 4.5 厘米
Glass Snuff Bottle with Engraving Pattern, the Qing Dynasty

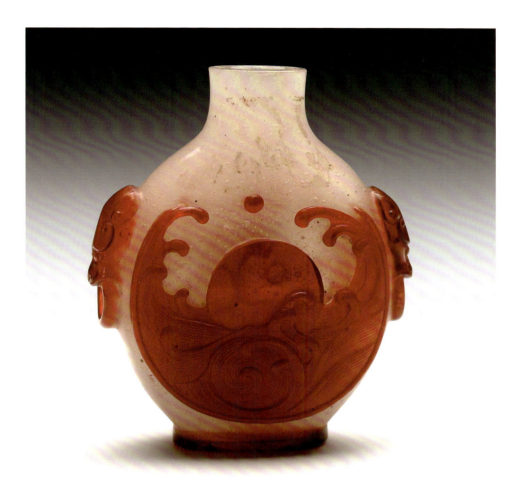

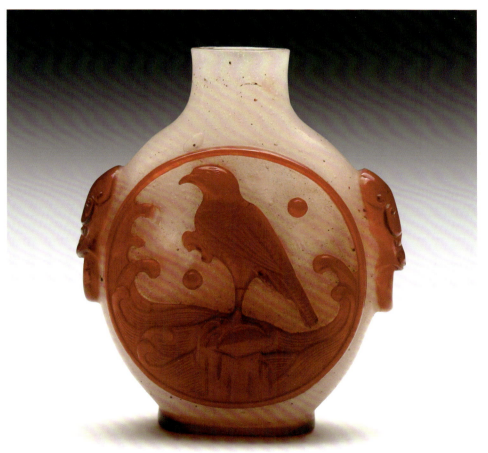

　　清宫实用器、赏玩器。该件鼻烟壶为扁圆形，采用乳白色外套红料玻璃工艺；壶身均采用乳白色玻璃料，正反两面及左右肩部外套红色料，其中正面制太阳及乌鸡形象，背面制海水、初升太阳图案，左右两肩均制兽面铺首造形，烟壶下部亦用红料制椭圆形壶底。全器制作精致，细节处颇具匠心，反映了宫廷制品的高雅与尊贵。

清粉彩猫蝶花卉料烟壶

清中晚期 | 全高 7.3 厘米，壶高 6.8 厘米，宽 5.2 厘米
Coloured Glass Snuff Bottle with Cat and Butterfly Pattern, the Qing Dynasty

　　清宫实用器、赏玩器。此件烟壶为扁圆形，采用白地粉彩图案玻璃工艺，构成丰富多彩的壶面图案；壶顶部为绿色翡翠圆盖，壶身为白色玻璃料，外套粉彩花卉、猫蝶（耄耋）图案，寓意吉祥，其中壶正面以粉彩工艺制荷塘水滨，荷花繁茂、绿草茵茵，河岸边一只花猫正伏身注视天空中的蝴蝶，一副跃跃欲试的样子；壶背面制荷花、荷叶，植物茂盛，天空中亦有一蝶飞翔。此壶制作精美，寓意美好，体现了清宫烟壶文化的多面性。

四

彩绘玻璃

IV. Coloured Glass

清宫玻璃制造与兴盛之际，正处于一百余年康雍乾三朝盛世时代。在玻璃器创新和发展过程中，宫廷匠师们不断汲取和采用其他制造工艺，如漆木器制作的彩绘、戗金、描金以及填彩等等，形成了色彩丰富的彩绘玻璃，使晶莹透明的玻璃器被披上金漆彩衣，显得更加富丽堂皇。

从清宫传世玻璃器看，其彩绘图案在传承古代传统纹饰的同时，往往更多地参照欧洲流行纹样，形成既有中国特色，又具西洋特点的玻璃装饰，使绝大多数玻璃器都带有异域风格，体现了中西方文化的交融与和谐。

（一）单色戗金、描金玻璃

Monochrome Gold Traced Glass

　　清宫戗金玻璃兴盛于乾隆朝，它是运用漆器制作中的戗金工艺技术而创制生产的玻璃品种。制作过程中，在玻璃器凸凹起伏的图案表面，以戗填技法施以金彩，形成立体式纹理，使本已流光溢彩的玻璃表面锦上添花，更具金光灿烂的效果。

　　清宫描金玻璃创制于雍正朝，是借鉴了瓷器、漆器描金的制造工艺做法。因玻璃具有一定透光性，其表面的描金装饰也自具风采。

清红玻璃金花撇口小瓶（一对）

乾隆年间（1736—1795）| 每瓶高 14.8 厘米，口径 3.1 厘米，腹径 5.6 厘米，底径 4 厘米
A Pair of Red Glass Bottles with Gilt Rim, the Qing Dynasty

　　清宫陈设用品。此对玻璃瓶造型、纹饰皆相同。瓶为吹制、模压而成，撇口，细颈，凸肩，腹部下敛，高圈足。瓶身红色玻璃，腹部外套白色玻璃花纹，又在白色玻璃上做戗金装饰，使本已流光溢彩的玻璃瓶锦上添花。瓶足镶金，再粘结组合深蓝色底座，在透明的釉色下，依稀可见底部镶金，而整个足部又微泛蓝色。这对小瓶做工讲究，玻璃质地精纯，为乾隆朝标准玻璃器皿之一。

清绿玻璃描金花卉纹花瓶（一对）

乾隆年间（1736—1795）| 每瓶高 35.4 厘米，口径 11.4 厘米，腹径 14.1 厘米，底径 13.1 厘米
A Pair of Green Glass Flower Vases with Gilt Pattern, the Qing Dynasty

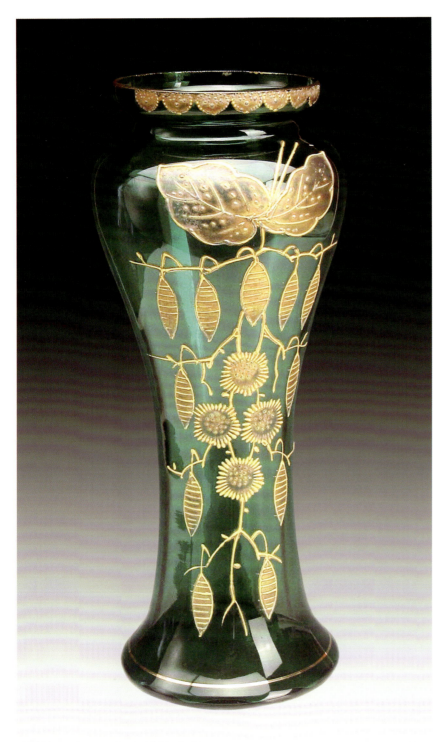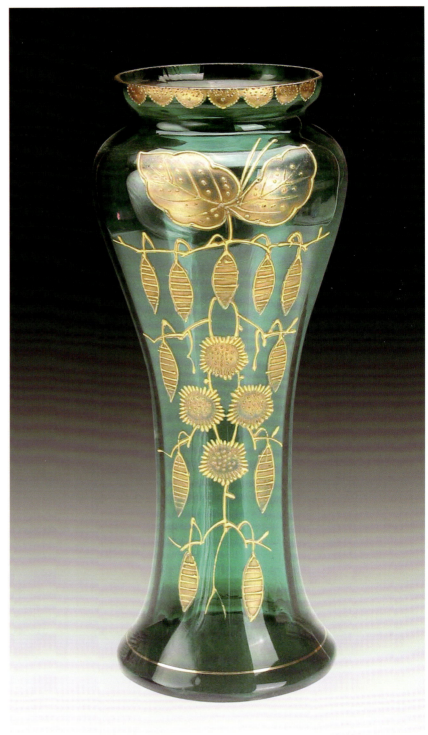

　　清宫陈设用品。此对玻璃瓶造型及纹饰皆相同。瓶为吹制而成，盘口，束颈，溜肩，长腹渐窄，平底。通体呈绿色，磨口，口部描金叶纹，腹部描金、贴金花叶纹，近底处描金一圈弦纹。此瓶装饰花纹做法由髹漆工艺中的描金漆、贴金漆工艺技法移植而来，边缘起棱，内部叶脉等均凸起，使整个纹饰具有立体效果，填金浓重，制作非常考究，具有流光溢彩、精美绝伦的装饰效果。清代官造玻璃工艺在一定程度上受到欧洲艺术影响，宫廷玻璃厂在较长时期内一直有欧洲技师任职，他们将欧洲艺术风格融入创作之中，使之呈现崭新的面貌。此对花瓶花纹明显带有欧洲艺术风格特征。

3

清红玻璃粉彩花卉纹花觚

清中期 | 高 31.3 厘米，口径 15 厘米，腹径 10 厘米，底径 10.5 厘米
Red Glass Vase with Coloured Pattern, the Qing Dynasty

　　清宫陈设用品。瓶以模压、吹制方法制成，花口，粗颈，鼓形腰，覆碗式座。通体呈红色，口描金，颈部描金花卉葡萄纹，腰部描金花纹，座上亦描金花纹，与颈部花纹遥相呼应，造型别致，且花口曲线夸张，卷叠有序，使之有与众不同的视觉效果。此花觚系清宫造办处玻璃厂造，形制仿古青铜器。清代花觚大部分作为五供之一，亦可单独使用。该花觚器形挺拔大方，既存古雅之韵，又显玻璃材质之明洁清新，搭配以描金，富贵之意表露无遗。

清红玻璃戗金花卉纹瓶（一对）

清中期 | 每瓶高 21.8 厘米，口径 12.8 厘米，腹径 14.9 厘米，底径 7.7 厘米

A Pair of Red Vases with Gilt Flower Pattern, the Qing Dynasty

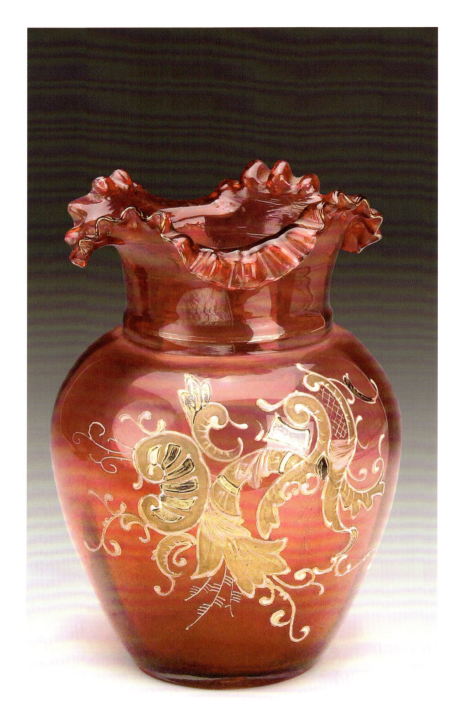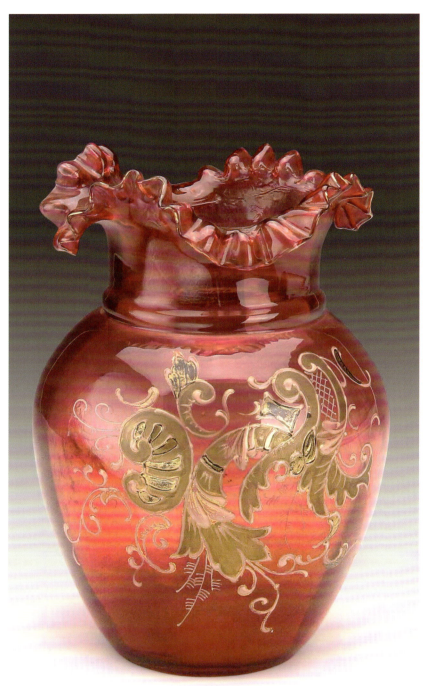

　　清宫陈设用品。此对玻璃瓶以吹制的方法制成，四褶花形口，短颈，鼓腹，平底。通体呈红色，腹部戗金花卉纹，造型精致。戗金玻璃是运用漆器中戗金工艺制作而成，在五光十色的玻璃胎体上戗填金色的纹理，具有富丽堂皇的效果。玻璃戗金工艺始于雍正朝，乾隆朝制造为最多。此瓶上的花卉纹极具西方装饰特点，成为清代中期中外文化交流的一种见证。

清绿玻璃金边刻花小碗（一对）

清中期 | 每碗高 5 厘米，口径 11.1 厘米，底径 5 厘米

A Pair of Green Small Glass Bowls with Gilt Rim, the Qing Dynasty

　　清宫陈设用品。此对玻璃碗为有模吹制，再经琢磨而成，九瓣花形口，深腹，圈足。通体为绿色透明玻璃，口沿描金，腹部三个麻面开光内琢磨描金桃花纹，以菱形方格相间隔，底饰菊瓣纹。此碗色泽光亮，造型精致，应为清中期玻璃制品中的佳器。

清蓝玻璃描金花盖罐（一对）

清中晚期 | 每罐全高 8 厘米，腹径 11 厘米，底径 7.7 厘米

A Pair of Green Glass Lid Jars with Gilt Pattern, the Qing Dynasty

　　清宫后妃生活用品。该对玻璃罐采用吹制、模制而成，由盖和罐两部分组成。盖顶部隆起，边缘描金一周，宝石蓝玻璃地上描金缠枝花卉纹，盖罐的上下口缘均镶鎏金铜饰。罐腹部上下各饰描金弦纹，中间描金花卉纹，盘托边缘亦装饰描金一圈。此盖罐造型讲究，纹饰上下呼应，是清代中后期的传世美器。

7

清紫色玻璃描金花卉纹盆（一对）

清中晚期 | 每盆高 10.3 厘米，口径长 29.5 厘米、宽 18.2 厘米，底径长 16.8 厘米、宽 11 厘米
A Pair of Purple Glass Basins with Gilt Flower Pattern, the Qing Dynasty

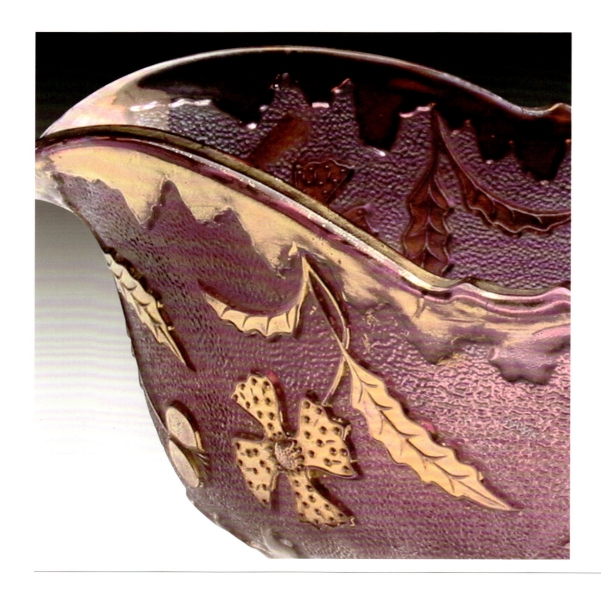

清宫生活用品。此对玻璃盆造型、纹饰皆相同，通体为紫色磨花玻璃，花口呈四大瓣夹两小瓣式，弧腹，椭圆形足；口边描金，腹部饰凸起描金花卉，底饰菊瓣纹，边缘弧形带锯齿状，于不规整中现稳定装饰。

清绿玻璃描金花船式盒（一对）

清中晚期 | 每盒高 10 厘米，口径长 29.9 厘米、宽 18.3 厘米，底径长 16.9 厘米、宽 9.5 厘米
A Pair of Green Boat-shaped Glass Boxes with Gilt Pattern, the Qing Dynasty

　　清宫生活用品。此对盛盒模制而成，造型纹饰皆相同。通体为绿色玻璃，花口，深腹，足外撇，整体呈船形造型。盒口部描金，腹部饰描金花卉，底饰菊瓣纹。与前面的刻花小碗装饰工艺十分接近，具有较高的工艺水平和共同的风格特点。

（二）透明、半透明玻璃彩绘

Transparent, Translucent Glass Stained

清宫透明、半透明玻璃彩绘，是将瓷器表面的彩绘图案制作技艺，移入玻璃器制作过程中。它采用珐琅彩、粉彩等绘画技法，在玻璃表面绘制花鸟、人物、山水、建筑乃至几何图案，由此形成精美的玻璃外面装饰，使之具有如诗如画的装饰效果，令人百观不厌。

清玻璃凸花描金大花插（一对）

清中期 | 每件高 49.8 厘米，口径 18 厘米，底径 15.4 厘米
A Pair of Large Glass Vases with Gilt Pattern, the Qing Dynasty

清宫陈设用品。该对花插为模制而成，口外撇，深腹，平底。花插通体呈不透明灰色，上彩绘花纹，用金色与黑色两种颜色绘制百合花卉，整个花插明暗突出，富有立体变化，犹如一幅画般美好。此花插彩绘图画极具西方绘画特色，是中西玻璃器文化交融之器。

清紫白玻璃粉彩花卉直口瓶

清中期 | 高 37.9 厘米，腹径 13.5 厘米

Purple White Glass Vase with Pattern, the Qing Dynasty

清宫陈设用品。直口，溜肩，斜直壁，肩以下逐渐内敛，平底假圈足；玻璃色泽艳丽，口、肩为深紫色，足部为浅紫色；腹中部为半透明乳白色，微有竖棱，肩、腹部绘粉彩花卉，花白、叶绿、蕊黄。口沿及绿色叶片轮廓皆描金。

清白玻璃粉彩花卉纹花口瓶（一对）

清中期 | 每瓶高 29.2 厘米，口径 13 厘米，腹径 13.2 厘米，底径 10.2 厘米
A Pair of White Glass Vases with Flower Pattern, the Qing Dynasty

清宫陈设品。瓶为一对，其材质、做工、造型和纹饰均相同。两瓶皆由白色毛玻璃制成，瓶口掐制波浪形花边口，瓶颈下部和底颈上部各有金色弦纹，瓶身表面饰粉彩五彩花卉、红果图案，瓶腰下部毛玻璃为淡红色。

清玻璃粉彩花卉方形花插（一对）

清中期 | 每件高 19.3 厘米，宽 6.5 厘米
A Pair of Glass Vases with Flower Pattern, the Qing Dynasty

清宫陈设用品。此对花插为模制而成，直口、深腹、平底。总体呈方菱柱形，通体毛玻璃地，口沿描金一圈，腹外部粉彩花卉纹装饰。花插，又称"花囊"，器型古已有之，清代继续烧造，成为清宫重要的陈设器。清宫花插器型略有变化，品种更加丰富，有瓷器、玉器、漆器、玻璃器、珐琅器等品种。

清玻璃彩画花卉菱形花插（一对）

清中期 | 每件高 24.4 厘米，长径 9.8 厘米，短径 6.5 厘米

A Pair of Glass Vases with Painted Flower, the Qing Dynasty

　　清宫陈设用品。该对花插为模制而成，直口，深腹，平底。花插为菱形体，通体毛玻璃地，口缘镶金，腹部以棱为中心绘粉彩郁金香装饰，造型别致，是清中期比较好的作品。

清中晚期 | 全高 18 厘米，口径 7 厘米，底径 9.2 厘米
Glass loop-Handle teapot with Panel Pattern, the Qing Dynasty

清宫生活用品。此壶为模制而成，壶直口，弯流，高提梁，平底。总体由壶盖和壶身两部
分组成，通体淡绿色玻璃，盖上圆纽，腹部前后有两个扇形开光，内绘粉彩花草纹，开光外绘
描金枝叶纹作为点缀，清新淡雅，为清宫中晚期生活实用器。

清红玻璃花瓣形盖罐

清中期 | 高 7.4 厘米，口径 5.9 厘米，腹径 7.5 厘米，底径 4.3 厘米
Red Lid Jar with Flower Rim, the Qing Dynasty

清宫生活用品、盛具。通体为半透明粉红色玻璃，有模吹制而成，分上盖和罐身两部分。盖伞状，宽沿，圆点形小纽；罐直口，束颈，圆腹，平底；盖面与器身纹饰相同，均为八个凸起的莲瓣形边框开光，开光内磨刻网格纹与花卉纹相间。整体造型敦厚，纹饰立体，加上玻璃的透明及对光的反射，尽显雅致。

8

清黄白玻璃粉彩小花瓶（一对）

清中晚期 | 每瓶高 11.2 厘米，口径 6.3 厘米，腹径 6.3 厘米，底径 3.2 厘米
A Pair of Yellow White Glass Vases, the Qing Dynasty

　　清宫生活用品。此对花瓶为吹制而成，四褶花口，短颈，溜肩，鼓腹，平底。瓶通体黄色，由上至下呈渐变式，至下腹部渐成白色玻璃。白色口缘，颈部与腹部在描金轮廓线内彩绘花卉纹，清新灵动，为清宫中晚期的生活实用器。

清玻璃粉彩樱桃纹海棠式盒（一对）

清中期 | 每盒全高 8.1 厘米，口径长 11.3 厘米、宽 9.2 厘米，底径 6 厘米

A Pair of Boxes with Cherry Pattern, the Qing Dynasty

　　清宫后妃生活用品。此对粉盒以吹制、模制而成。由盖和罐两部分组成，盒盖顶部隆起，上彩绘樱桃纹装饰，边缘嵌铜鎏金口，子母口，罐口缘亦镶铜鎏金口，腹部起四瓣呈海棠形，外彩绘樱桃纹，并用描金勾勒叶脉等，精巧细致。盒平底，底缘嵌铜鎏金边，与口部交相呼应，下置铜鎏金三足托，制作考究，工艺精湛，为同类藏品中的精品。

10

清彩花玻璃把杯（一对）

清中晚期 | 每杯高 6.1 厘米，口径 7.9 厘米，底径 4.8 厘米
A Pair of Glass Cups with Pattern, the Qing Dynasty

　　清宫生活用品。此对玻璃杯以吹制、模制而成，敞口，深腹，单柄，圈足。通体白玻璃，中部为麻玻璃地，腹部做彩色花卉装饰，小巧玲珑。清代玻璃酒具以杯最为常见，此杯造型应为清宫茶具。

清玻璃彩画把杯（一对）

清中晚期 | 每杯高 6.5 厘米，口径 8.2 厘米，底径 4.2 厘米
A Pair of Glass Cups with Painted Pattern, the Qing Dynasty

　　清宫生活用品。此对把杯以吹制、模制而成，直口，深腹、单柄、平底。总体为通体透明玻璃，口缘描金，腹部绘粉彩描金花卉。此对把杯所装饰的花卉类于传统花鸟画所绘花卉，具有中国传统绘画的气息，为清宫中晚期生活实用器。

12

清套料画兰鱼烟壶

光绪十八年（1892） | 全高 6.6 厘米，腹径 5.3 厘米
Glasse Snuff Bottle with Painted Orchid and Fish Pattern, the Qing Dynasty

　　清宫赏玩用器。壶为吹制而成，扁圆体，椭圆形圈足。通体涅玻璃地，一面绘游鱼图，上有"壬辰冬月，写于京师藕香斋"，下有"元印"白文椭圆印；另一面绘兰花图，上有行草七言诗："翠袖轻盈半掩羞，矫矫枝叶托风流。露凝清抱三分白，月染香沉一味幽。玉女浑倚湘水梦，骚人结佩谱新秋。古来名士原同调，雅淡联芳契可修。""玉堂仁兄大人清赏"，款署"周乐元写"。下钤"乐元"椭圆形白文印，右下钤"山阴周氏"白文印。周乐元，为光绪时期北京著名的内画壶匠师，此鼻烟壶是其在光绪十八年（1892）创作的作品。

清绿玻璃描金花餐具（一套六件）

清中晚期 | 蜡台高 22 厘米，底径 8.7 厘米；盖罐高 7.1 厘米，径 7.3 厘米；盖盒高 4.4 厘米，径 7.3 厘米；油瓶高 13.7 厘米，底径 5.7 厘米；椭圆小盘高 2.6 厘米，径长 11 厘米、宽 5 厘米；大盘高 8.2 厘米，径长 27.7 厘米、宽 19.4 厘米

A Set of Six Pieces of Green Glass Tableware Painted with Gold Flowers Pattern Design, the Qing Dynasty

　　清宫皇室成员专用餐具。此套餐具计6件，分别是蜡台、盖罐、盖盒、油瓶、椭圆形小盘、椭圆形大盘，均为淡绿色玻璃制成，表面描金边和方形网格图案，另绘有白色、粉色、蓝色粉彩花卉纹饰；其具体形制为：蜡台为两截式，上部蜡扦可拔插；盖罐为圆柱体，上部有圆形盖，器身、盖面满饰花纹；盖盒器身、盖面满饰花纹；油瓶上部为圆纽形插盖，瓶身满饰花纹；椭圆形小盘外面满饰花纹；椭圆形大盘为光素底。

（三）涅玻璃彩绘

涅玻璃彩绘，亦是清宫玻璃制造的一个品种，因彩绘用久容易脱落，故更多应用于宫廷陈设器物。制作之时，是在不透明的玻璃器皿表面，以珐琅彩、粉彩等釉料进行绘画，再入窑低温烧造定彩。因涅玻璃不太透光的特性，决定了其表面彩绘要更为浓重、更加艳丽，有的甚至是整件器物满涂彩地，再进行仔细绘制。

1

清蓝玻璃粉彩花卉瓶（一对）

清中晚期 | 每瓶高 29 厘米，口径 11.3 厘米，腹径 13 厘米，底径 9.8 厘米

A Pair of Blue Glass Vases with Pattern, the Qing Dynasty

清宫陈设器、工艺品。此对玻璃瓶以吹制、彩绘而成，造型、纹饰皆相同。器形为盘口，短颈，丰肩，肩以下渐收敛，圈足。瓶身通体为深蓝色玻璃，内里为白色玻璃，器身以粉彩绘绣球花及绿叶、飘带等装饰，口沿及足部饰一圈白色缘带纹。此器造型雅致，色彩鲜明艳丽，花纹构图优雅，是清宫中珍贵艺术品。

清白料绛色开光人物花瓶（一对）

清中晚期 | 每瓶高 27.2 厘米，口径 10.4 厘米，腹径 11.3 厘米，底径 10 厘米

A Pair of White Glass Vases with Panel Pattern, the Qing Dynasty

清宫陈设器、工艺品。此对花瓶以吹制、染色、彩绘而成，造型相同。器形为盘口，短颈，直桶式瓶身，束底高圈足。此瓶通体于白色不透明玻璃上施绛色地，腹部于白色椭圆形开光内饰西洋人物彩色像，两瓶开光内的纹饰略有不同，均以粉彩绘一对西洋小孩在园中采花的场景，表情传神，惟妙惟肖。口沿、颈部及底足处均以描金弦纹装饰。此器造型优美规矩，器壁薄如蛋壳，非常轻盈，纹饰工笔细腻。西洋人物是乾隆时期典型人物图案之一，此对花瓶为清宫传世佳器。

3

清白料染蓝粉彩瓶

清中晚期 | 高 28.3 厘米，口径 8.5 厘米，腹径 14 厘米，底径 8.7 厘米
White Glass Vase with Coloured Pattern, the Qing Dynasty

清宫陈设器、工艺品。瓶为吹制、染色、彩绘而成，直口，直肩，腹部下敛，矮足，平底内陷。此瓶通体为白色不透明玻璃制成，器表施淡蓝色地。腹部以粉彩绘花卉图案，叶脉及花蕊以描金装饰。底足以描金饰一圈弦纹。此器造型优美规矩，器壁薄如蛋壳，非常轻盈，纹饰精美，构图优雅，描金的手法突显立体感。

清白料绿口彩画花瓶（一对）

清中晚期 | 每瓶高 19.3 厘米，口径 6.3 厘米，腹径 8.8 厘米，底径 6.7 厘米
A Pair of White Glass Vases with Coloured Pattern, the Qing Dynasty

　　清宫工艺品。此对花瓶为吹制、染色、彩绘而成。直口，溜肩，腹部下敛，平底。通体为白色不透明玻璃制成，口沿及底部施绿彩，并描一圈金线装饰；腹部彩绘紫色丁香花及蓝色缎带，花蕊及叶脉以描金装饰。此器造型优美，器壁轻薄，色彩鲜明艳丽，描金的装饰突显了纹饰的立体感，为清代彩绘玻璃的上乘之作。

5

清白料彩画撇口花瓠（一对）

清中晚期 | 每瓠高 21.7 厘米，口径 10.6 厘米，底径 8.6 厘米
A Pair of White Glass Vases with Coloured Pattern, the Qing Dynasty

　　清宫陈设器、工艺品。此对花瓠以吹制、彩绘而成，材质、造型、纹饰皆相同。通体为白色不透明玻璃制成。花瓠造型为波浪式花边喇叭口，长颈，鼓腹，高圈足。口沿及腹上下部均饰一圈描金弦纹，颈部彩绘花卉纹，腹部及底座饰一圈红叶纹装饰。此器既具中式造型又带欧式风格，体现了中西文化的交流与借鉴。

清白料染米黄色粉彩花卉纹瓶（一对）

清中晚期 | 每瓶高 20.3 厘米，口径 6.6 厘米，腹径 8.4 厘米，底径 6 厘米
A Pair of White Glass Vases with Coloured Pattern, the Qing Dynasty

　　清宫陈设器、工艺品。此对花瓶以吹制、染色、彩绘而成，材质、造型、纹饰皆相同。撇口，锥形颈，圆肩，腹部下敛，圈足。通体为白色不透明玻璃制成，器表染米黄色地。器身饰粉彩花卉纹，花蕊及叶脉以描金装饰，形象逼真，突显立体感；口沿及底足以描金弦纹装饰。此器造型端庄大方，色彩淡雅柔和，为清宫珍贵的染色彩绘玻璃器。

7

清黄料粉彩花鸟纹小瓶（一对）

清中晚期 | 每瓶高 16.3 厘米，口径 5.7 厘米，腹径 7.8 厘米，底径 5.4 厘米
A Pair of Small Glass Vases with Coloured Pattern, the Qing Dynasty

　　清宫陈设器、工艺品。此对花瓶以吹制、彩绘而成，造型相同，纹饰相似。盘口，溜肩，腹部下敛，底部圈足。通体为淡黄色不透明玻璃制成。瓶身均以粉彩饰通景花鸟图，枝叶高低错落，花朵竞相开放，鸟儿站立枝头抖擞翅膀，欲展翅高飞。口沿、颈部及足部均以描金弦纹装饰。此器造型优美，胎体温润如玉，色彩清新雅致，纹饰画工精细，生动形象，体现了宫廷匠师高超的绘画技巧和扎实的艺术功底，是清宫中难得的传世佳品。

清白料染米色粉彩花卉纹直口瓶（一对）

清中晚期 | 每瓶高 15.2 厘米，口径 3.2 厘米，腹径 8.9 厘米，底径 5.1 厘米
A Pair of White Glass Vases with Coloured Pattern, the Qing Dynasty

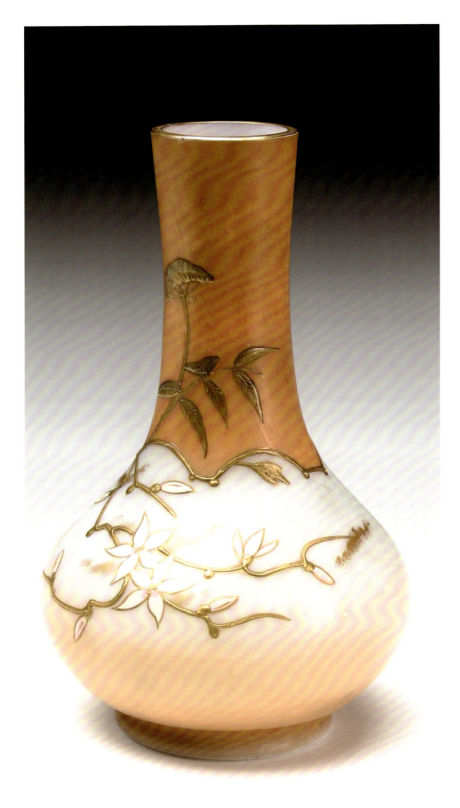
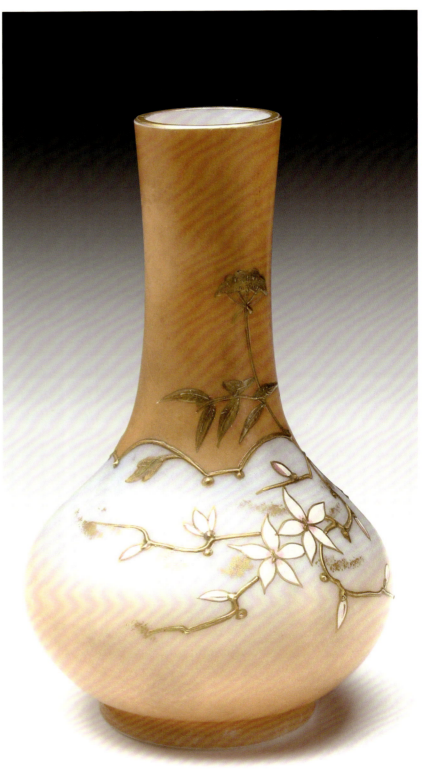

　　清宫陈设器、工艺品。此对花瓶以吹制、染色、彩绘而成，两瓶材质、造型、纹饰皆相同。直口，细长颈，鼓腹，圈足。通体为白色不透明玻璃制成，颈部及腹下部施米黄色地，器身以金彩勾画玉兰花及枝叶，白色花瓣以粉彩填色。口沿处以描金饰一圈弦纹。该器为天球瓶造型，看似沉稳敦厚，实则壁薄轻盈，是清宫御用观赏器。

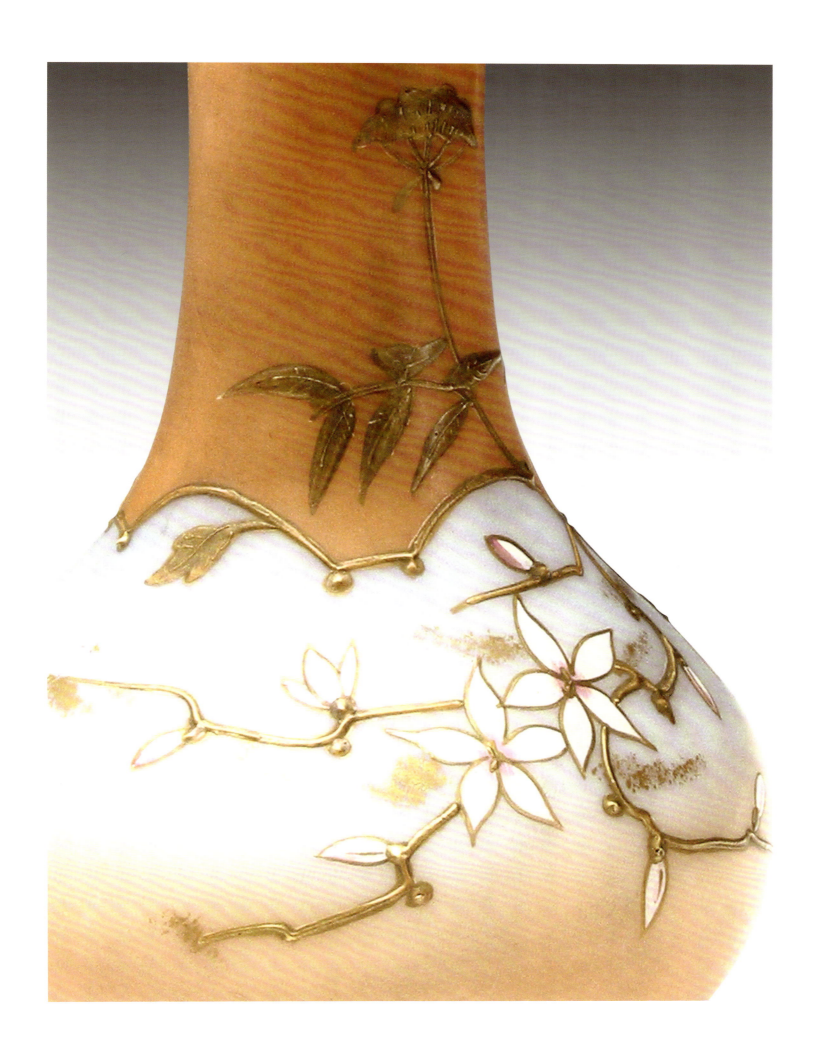

9

清蓝玻璃画勾莲纹花瓶（一对）

清中晚期 | 每瓶高 21.8 厘米，口径 9.5 厘米，腹径 9.2 厘米，底径 8.2 厘米

A Pair of Blue Glass Vases with Lotus Pattern, the Qing dynasty

　　清宫陈设器、工艺品。此对花瓶为吹制、彩绘制成，其材质、造型、纹饰皆相同。通体外面为蓝色玻璃制成，内里满施白色地。瓶口外撇，在半固态下掐成波浪式花边造型，直颈，溜肩，腹部下敛，下为圆台式圈足。腹部以沥粉填彩形式绘勾莲花纹，颈部有描金弦纹装饰。此器造型精美，花边口带有欧洲风格，是清宫的高档陈设品。

清白粉料荷叶形花插（一对）

清中晚期 | 每件全高 41.3 厘米，盘径 26 厘米，底径 12.8 厘米
A Pair of White Lotus-shaped Vases, the Qing Dynasty

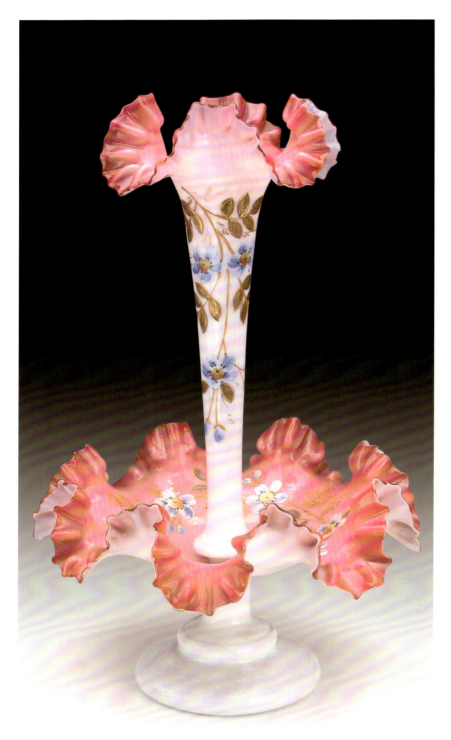 

　　清宫陈设器、工艺品。此对花插以玻璃吹制、彩绘而成，其材质、造型、纹饰皆相同。由花插和底盘两部分组成，通体由粉色和白色不透明玻璃套接制成。花插为花边口，在半固态下掐成大波浪式花边造型，内粉外白，长颈，并以粉彩绘蓝色花卉纹，花蕊及枝叶以描金装饰；下盘口沿为大波浪式八莲瓣形，内粉外白，与上部造型相呼应，盘心彩绘花卉纹，并以描金点缀花蕊、枝叶；底部为二层台式高圈足。此器造型新颖，色彩鲜明艳丽，如少女般亭亭玉立。花边口曲线夸张，卷叠有序，带有典型的欧洲艺术风格，是清宫中少见的珍贵艺术品。

11

清白料粉彩花卉纹缸

清中晚期 | 高 15.2 厘米，口径 17.8 厘米，腹径 20 厘米，底径 13 厘米
White Glass Jar with Flower Pattern, the Qing Dynasty

　　清宫实用器、工艺品。此缸为吹制而成，敞口，短颈，丰肩，腹部下敛，平底内凹。通体为白色不透明玻璃制成，口沿以描金装饰，口下至腹部满施绿色地，腹部半开光内施米黄色地，内有竖条纹及彩绘花卉图案，花蕊及枝叶采用描金装饰。此器造型规矩，纹饰色彩艳丽夺目。

清米黄料粉彩花卉纹三足小盒

清中晚期 | 全高 10.3 厘米，口径 8 厘米，腹径 9 厘米
Small Cream Tripod Glass Box, the Qing Dynasty

　　清宫实用器、工艺品。盒为吹制而成，通体为米黄色不透明玻璃制成。此器由上盖、圆盒两部分组成，子母口，口沿部均镶鎏金铜口，圆肩，腹部下敛，盒底接铜制底托及弧线四足。盒盖及器身满饰粉彩花卉枝叶纹，以描金勾其轮廓。此器造型小巧，纹饰精美，为清宫后妃用来装胭脂的粉盒。

13

清米黄料粉彩花卉纹小盆（一对）

清中晚期 | 每盆高 6.6 厘米，口径 12.5 厘米，底径 9.5 厘米
A Pair of Small Glass Basins with Coloured Pattern, the Qing Dynasty

　　清宫实用器、工艺品。此盆为一对，均以吹制、掐模而成，其材质、造型、纹饰皆相同。通体为白色不透明玻璃制成，口沿部套接蓝色透明玻璃。花边口，在半固态下掐成波浪式花边造型，盆内部以粉彩绘制梅花，器身外部素面无纹饰，下部为内凹平底。此器小巧精致，纹饰精美逼真，外观朴拙，内慧其中。

（四）料器染色

Material Ware Staining

　　清宫料器染色，与涅玻璃彩绘相近似，但其技艺远低于彩绘，往往是将料器的局部或整体做简单涂色处理，缺少精细的绘制与展示。制作之时，是将制成的料器玻璃再进行涂色处理，使之更为精彩或更为逼真。通常是以小件料器为宜，表面用珐琅彩、粉彩按其造型施以不同颜色，制成外观精美的染色宫廷器物。

清白料菊瓣三足盖罐（一对）

清中晚期 | 每罐全高 14.7 厘米，盖高 6.2 厘米，盖径 9.5 厘米，腹径 10.5 厘米，足高 9 厘米

A Pair of White Tripod Glass Jars, the Qing Dynasty

　　清宫实用器、工艺品。此对盖罐材质、造型、纹饰皆相同，通体为白色不透明玻璃料模制而成。整体呈菊花瓣形，由上下两部分组成；盖顶部微凸起，连接一鹗圆组，子母口，三足底。全身素面无纹饰，原应有彩绘，现仅在口部涂一圈粉彩，组下部与足上部皆雕叶瓣花纹图案。

2

清白料染色蜗牛纽果式盒（一对）

清中晚期｜每盒全高 12.6 厘米，腹径 16.5 厘米
A Pair of White Fruit-shape Glass Boxes, the Qing Dynasty

　　清宫实用器、工艺品。此对果盒材质、造型、纹饰皆相同，通体为白色不透明玻璃料模制而成。草莓形，由上下两部分组成；盖顶一棕色蜗牛为纽，慵懒地趴在一片绿叶上，子母口，器身满饰红彩，表面有凸起草莓籽纹饰，底部托一绿叶以作底足。此器造型生动、逼真，小巧精致，草莓鲜嫩欲滴，色彩艳丽，是清宫中珍贵的仿生造型玻璃器。

清白料染黄色核桃形盖盒

清中晚期 | 全高 9.9 厘米，腹径 12.7 厘米
White Peach-shaped Glass Lid Box, the Qing Dynasty

  清宫实用器、工艺品。此盒通体为白色不透明玻璃料模制而成。核桃形，由上下两部分组成，子母口，盖顶为一蝉形纽，平底内凹。蝉足部余黑彩，盒身满施黄彩装饰，纹理逼真形象。此器造型生动，惟妙惟肖。清宫仿生造型玻璃器较少见，此盒为难得精品。

清白料染黄色瓜形盖盒

清中晚期 | 全高 11.7 厘米，腹径 11.5 厘米
White Melon-shaped Glass Lid Box, the Qing Dynasty

清宫实用器、工艺品。此盒通体为白色不透明玻璃料模制而成。八瓣南瓜形，由上下两部分组成，子母口，盖顶部有一蔓枝环形组，饰绿彩装饰，器身表面满饰凸起蚯蚓纹，施黄色地，平底。此器小巧精致，造型生动，为清宫珍贵的实用器和艺术品。

清白料凸花方形盒（一对）

清中晚期 | 每盒高 13.1 厘米，口径 11.1 厘米，底径 7.6 厘米
A Pair of White Square Glass Boxes, the Qing Dynasty

清宫实用器、工艺品。此对料盒材质、造型、纹饰皆相同，
通体为白色不透明玻璃料模制而成。盒为四方形，仿造青铜器
的造型，由上下两部分组成，盖顶有一宝珠纽，腹部下敛，方
台足。器身满饰凸起缠枝花卉纹，原器均有彩绘，现仅盖纽、口
沿及足边余粉彩装饰。此器小巧精致，造型规矩，为清宫珍贵艺
术品。

6

清白料橘瓣长圆盒

清中晚期 | 高 8.4 厘米，口径长 17.9 厘米、宽 11 厘米，底径长 13.8 厘米、宽 7.5 厘米
White Long Circle Glass Box, the Qing Dynasty

清宫实用器、工艺品。此盒通体为白色不透明玻璃料模制而成。椭圆形菊瓣盒，由上下两部分组成，子母口，平底。盖上饰一黄牛在田间的场景，周围饰一圈凸起连珠纹，底为菊瓣纹饰。此器小巧精致，造型规矩，与当代人所用生活用器已十分接近。

清蓝料橘瓣长圆盒（一对）

清中晚期 | 每盒径长 18 厘米、宽 10.9 厘米，高 8.6 厘米
A Pair of Blue Long Circle Glass Boxes, the Qing Dynasty

清宫实用器、工艺品。此对玻璃料盒材质、造型、纹饰皆相同，通体为蓝色不透明玻璃料模制而成。椭圆形菊瓣盒，由上下两部分组成，子母口，平底。盖上为一只黄牛伫立栅栏旁边，周围饰一圈凸起连珠纹，底为菊瓣纹饰。此器造型规矩，为清宫实用及陈设用品。

清红白料鱼式盒

清中晚期 ｜ 全高 7.4 厘米，身长 19 厘米，腹宽 7 厘米
Red Fish-shaped Glass Box, the Qing Dynasty

　　清宫实用器、工艺品。此器通体为白色不透明玻璃料模制而成。鱼形，分为上下两部分，鱼身上部为盖，下部为盒。鱼鳍、鱼尾及鱼鳞纹等细节制作得非常精细与逼真，并绘以红彩装饰。清代玻璃器的造型一般以吹制为主，而模制的仿生造型较少。此器小巧玲珑，生动形象，体现了清代宫廷精湛的制作工艺。

玻璃器的主要成分为硅酸盐，以石英石、长石、石灰石等为制作原料，经过烧熔冷却后形成非结晶体，经工匠手工制作形成各式造型，其材料质地决定了它的易碎易损性。

为更好保护玻璃器成品外缘，避免其因碰撞而受损，同时也为增加玻璃自身的装饰效果，在清宫中经常采用金属镶嵌工艺，来增加玻璃制器的艺术性。在当时，清宫采用的金属镶嵌主要为铜鎏金饰件，其一是以金属构件包镶玻璃，其二是以铜制饰件支撑、连缀玻璃，由此形成更为奢华的金属镶嵌玻璃。

（一）玻璃包镶铜饰

　　清宫玻璃器物大多属于轻薄、易损产品，因此在其制作过程中，往往采用镶加铜饰的工艺手法，如在器物口部、耳部、底足部安镶铜鎏金附件。这种做法不仅使玻璃器得到更好保护，还大大增加了玻璃器总体观赏性，晶莹剔透的玻璃器皿与金光熠熠的铜饰形成完美结合。

清玻璃镶铜条双耳扁瓶（一对）

清中晚期 | 每瓶全高 22.7 厘米、宽 14 厘米，口径长 6.2 厘米、宽 3.6 厘米

A Pair of Handle Flat Glass Vases with Inlaid Copper, the Qing Dynasty

清宫陈设品。此对扁瓶材质、造型、纹饰均相同，整体造型内为无色透明玻璃瓶，外包镶铜饰。玻璃瓶为有模吹制，通体纵向八棱形。杯口沿及底部均包镶铜鎏金边，口沿下及底部上均有镂空山形花纹。肩部附双耳，铜鎏金制成双耳轮廓，耳端尖，似猫耳，双耳一端连接于肩部，另一端连接至底部。底部附四铜鎏金花叶形足。此套扁瓶的装饰手法不同于中国传统的工艺制作，反映了中西文化的交流与融合。

清玻璃双耳扁瓶

清中晚期 | 全高 14 厘米，口径长 10 厘米、宽 6 厘米
Handle Flat Glass Vase, the Qing Dynasty

　　清宫陈设品。此件扁瓶与上面的扁瓶纹饰相同，只是高矮不同，应为一套。整体造型内为无色透明玻璃扁瓶，外包镶铜饰。玻璃瓶为有模吹制再琢磨而成，通体纵向八棱形。杯底部均包镶铜鎏金边，底部之上有镂空花纹，花纹造型似笔架山形。肩部附双耳，铜鎏金制成双耳轮廓，耳端尖，似猫耳，双耳一端连接于肩部，另一端连接至底部。底部附四铜鎏金花叶形足。

清白玻璃粉彩镜盖粉盒（一对）

清中晚期｜每盒高 8.7 厘米，口径 7.8 厘米，腹径 8.7 厘米

A Pair of White Glass Compacts with Mirrorde Cover, the Qing Dynasty

　　清宫后妃专用化妆用具。此对粉盒材质、做工、造型和纹饰均相同，两盒皆由白色毛玻璃制成，腰部微内敛，盒盖为水银制圆形镜子，边沿铜箍呈毛刺状，有铜卡口和两个圆环拉手。粉盒口沿、底沿均镶有铜口，底部有铜制兽头形三足。盒腰部为粉彩描金花卉纹饰。

清蓝玻璃绘人物盖罐

清中晚期 | 全高 8.8 厘米，腹径 10 厘米
Blue Glass Lid Jar with Figure Pattern, the Qing Dynasty

　　清宫生活用品。子母口，整体呈圆柱形。盖罐主体为玻璃质，吹制而成。通体以蓝色玻璃为地，盖面用白色粉彩绘制西洋女孩图案，树木旁站一西洋女孩，头扎小辫，身穿连衣裙，一手持有花朵，一手指向前方。口沿及底部均包镶铜边，口沿上有金属搭扣；底部制绳纹。底附铜鎏金摴成的心形三足。

清中晚期 | 每盒全高 10.3 厘米，口径 14.4 厘米，腹径 14.6 厘米，底径 10.5 厘米
A Pair of Red Glass Boxes with Coloured Bird and Flower Pattern, the Qing Dynasty

清宫后妃专用化妆用具。此对粉盒材质、纹饰、做工、造型皆相
同。扁圆盖、鼓腹、圈足。粉盒吹制而成，为红色透明玻璃地，盖面饰
粉彩花鸟纹，腹部饰粉彩花卉纹。盖、盒口沿均包镶铜边，并饰铜质搭
扣。盒内有铁网小帘二层。

清中晚期 | 全高 9.9 厘米，口径 9.5 厘米，足高 2 厘米
Glass Powder Box with Pattern, the Qing Dynasty

清宫后妃专用化妆用具。粉盒盖为水银制圆形镜子，中间略凸起，盖边沿包镶一周铜饰，并有铜搭扣，方便开启。盒身为涅玻璃吹制而成，呈球形，肩部饰一周描金花纹；腹部饰数簇粉彩花卉纹。盒口沿及底部均包镶铜鎏金箍，底部有三只铜鎏金球形足。

　　清宫后妃专用化妆用具。此对粉盒材质、造型、做工均相同。粉盒盖为铝质，扁圆形，面饰斜纹，盖顶有两周描金装饰及绳纹，另饰一周螺旋纹。盖沿描金装饰，口沿包镶一周铜饰，铜饰为素面折沿。器身鼓腹，玻璃质，表面压花制作，腹部饰描金边花叶图案，金边内为透明玻璃。底附铜座，座身装饰一周凸点纹，下附三铜足。

8

清玻璃粉彩双环耳描金粉盒

清中晚期 | 高 8.1 厘米，长径 11.3 厘米，短径 9.2 厘米
Glass Powder Box with Gilt Pattern, the Qing Dynasty

　　清宫后妃专用化妆用具。粉盒呈圆形，带盖，鼓腹。盖及器身均为吹制玻璃。盖、器身均以涅白玻璃制作，以沥粉形式勾勒出花卉轮廓，再采用描金工艺绘制而成。盖盒相连，盖、口沿均包镶一周铜饰，并附铜双环及搭扣。附铜座，由铜丝掹成三叶草轮廓形三足。

清银铜边玻璃盒（一对）

清中晚期｜每盒全高 6.6 厘米，盖宽 6.5 厘米，腹径 9.3 厘米

A Pair of Glass Boxes with Silver and Copper Rim, the Qing Dynasty

　　清宫后妃专用化妆用具。此对玻璃盒材质、造型、做工均相同，由盖、盒两部分构成。盖为扁圆形，透明玻璃质，顶部略凸起，盖口包镶锯齿状铜边。盒口包镶镂空六角星纹铜鎏金边。口沿处饰有铜搭扣，方便开启。盒腹为扁圆形，鼓腹，腹部透明玻璃地上磨制花卉纹。

　　清代乾隆朝，宫廷玻璃器在制作时经常有超大件制品。当时，为更好保护和加高、加长玻璃器器身，宫廷匠师经常采用镶加铜饰组合配件的方法，对玻璃器各部位起到支撑、加固、美观的作用。

　　清宫玻璃器附加的铜饰组合配件，通常安装于器物下部，或为底座、或为托架、或为铜箍铜插口，使插用的玻璃制品十分稳妥。

1

清黄玻璃高足大花插

清中晚期 | 全高 71.4 厘米，宽 33 厘米
Yellow Glass Giblet Flower Receptacle, the Qing Dynasty

　　清宫陈设品。花插通体黄、绿玻璃，有少许白色，整体造型为三朵含苞待放的郁金香，由长茎、绿叶插在一朵盛开的莲花形高足盘上，花茎长短不一，上下错落，花叶自由舒展。每朵花瓣由白至黄呈渐变色，花瓣的造型自然随意，是在玻璃软化状态下快速塑形而成，并加以抟捏、延拉的手法，使叶片出现扭转、细长的装饰效果。花茎及叶片底部呈管状，插在立柱顶端的铜构件中。铜座高柄，穿过黄色荷叶形玻璃花托，由六孔铜插件将花插及花叶牢牢固定在铜柱上，底足为三个铜铸镂空叶形足。花插的整个铜构件由底至托盘心，以丝扣、螺栓及焊接等方式连接，并将玻璃底座、托盘、花束连为一体，不仅起到承重作用，还体现出玻璃制作与金属构件相结合的成熟工艺水平。

清粉红玻璃荷叶形花插

清中晚期 | 全高 58.7 厘米，全宽 36 厘米
Pink Lotus-shaped Glass Vase, the Qing Dynasty

清宫陈设品。此花插为玻璃吹制而成，百合花造型，由花插及底座两部分构成，花插与底座的连接处饰以管状铜插件。花插为四朵百合花枝，一朵粉色，三朵白色。粉色花略高于其他花朵，直挺插于座的中央处，其他三朵白色的百合花围绕其插放，花枝略向外弯曲，高低不一的造型更具美感。底座为荷叶形，口沿为波浪式花边，上下起伏，深腹，叶形足九个。花朵及座口的边缘处均为半固态下掐制而成。玻璃仿生花栩栩如生，造型自然优美，具有欧洲艺术风格。

3

清粉玻璃喇叭花形花插

清中晚期 | 全高 50.7 厘米，盘径 26 厘米
Pink Glass Vase with Floral Rim, the Qing Dynasty

清宫陈设品。花插整体为喇叭花造型，主要由花插、底座两部分组成，总体与底座的连接处有管状铜插件。花插为四朵粉色喇叭花，中间插花高而直挺，四周的插花略低且向外弯曲，花朵外壁缠有绿色藤蔓，自然写实，清新脱俗。底座呈荷叶盆形，底座口沿与花边的褶皱均为掐制而成，花朵及底盆均由内白外粉色不透明玻璃套接制成。此种花插非传统造型，颇具欧洲文化气息。

清红白料粉彩花形花插（一对） 4

清中晚期 | 每件全高 22.5 厘米，宽 16.1 厘米

A Pair of Red White Glass Vases with Coloured Pattern, the Qing Dynasty

清宫陈设品。此对花插材质、造型、纹样均相同。花插部分皆为玻璃吹制而成，总体为喇叭花造型，两朵花一上一下，参差不齐，错落有致。花插通体为粉色胎体上满套乳白色玻璃，花内、外壁皆粉彩绘花卉纹。底座部分由铜丝摵成，花插与底座以管状铜插件及盘状铜架相连接，两花之间以铜丝摵如意云头形，架下附卷曲足。

清黄粉玻璃荷叶铜座花插（一对）

清中晚期 | 每件全高 53.7 厘米，腹宽 30 厘米，底宽 14.8 厘米
A Pair of Yellow Glass Vases with Copper Basis, the Qing Dynasty

　　清宫陈设品。该对花插材质、造型、纹样均相同，由玻璃花插及铜鎏金底座两部分组成。上部花插为马蹄莲造型，插于铜鎏金花茎造型的插管上；下部花插为荷叶形托盘，下承铜鎏金底座，座附镂空花叶形足。花插整体造型独特，设计新颖，宛如少女在荷叶上翩翩起舞。

　　清宫陈设品。此对花插材质、造型、装饰均相同，为吹制而成，总体呈喇叭花形，透明玻璃上磨制几何图案花纹。座为铁质、涂色，制成绿色花茎与插花相连，座底为大荷叶形，上面铸有一只站立的雄鸡，鸡旁装饰有两片小荷叶。整体造型奇特，欧化的花插与写实的荷叶、雄鸡造型组合毫无违和感。

清粉红玻璃铜座提梁花篮

清中晚期｜全高 15.6 厘米，盘径 16 厘米，篮径 13.3 厘米，底径 6.5 厘米
Pink Glass Handle Basket with Copper Basis, the Qing Dynasty

　　清宫陈设品。此件藏品由花篮、底座两部分构成。花篮为玻璃磨制而成，波浪形花口，掐制绿色波浪纹，篮腹部为粉色，外壁有凸起蚯蚓爬行纹，底部为十二花瓣形向外凸出。底座为铜制花形平托，中间内凹将玻璃花篮固定入内。底托两侧安铜质花形提梁，提梁耳撖成三角形支架，将花篮牢牢卡住，底托下有牛首形三足。

后 记

《沈阳故宫博物院院藏精品大系·玻璃器卷》，自 2018 年编纂以来，至今已经将近三年，在即将出版之际，我们内心充满喜悦，因为又有一卷新图录可以供读者欣赏，又有一批珍贵的文物因出版而面向读者、面向社会。以文物藏品为公众提供文化服务，是博物馆工作的最高境界！

《沈阳故宫博物院院藏精品大系·玻璃器卷》，共收入本馆所藏清朝玻璃类珍贵文物藏品 200 余件，这些玻璃器文物均为清宫原藏，它们有的是西洋制造传入中土，有的是清宫造办处玻璃厂制造，亦有的为各地玻璃厂肆所制。所选文物既有单体文物，亦有按照宫廷陈设而成对选出的文物，目的是希望读者通过这些藏品，真正感受到文物使用时的状态与陈列效果。

《沈阳故宫博物院院藏精品大系·玻璃器卷》，为本馆完成的集体合作项目。其中文物藏品的遴选与排序、图录大纲编撰和各单元说明文字由李理完成，全书各件文物说明文字，由本馆近 10 位专业学者共同参与完成，其中第一章由李理、苏阳撰稿，第二章由于明霞撰稿，第三章由李蕙、曾阳、张倩撰稿，第四章由张莹、蔡憬萱撰稿，第五章由刘晓晨撰稿。全书文物说明完成后，由李声能、李理完成全部图片、文字的审核与修改。

在《沈阳故宫博物院院藏精品大系·玻璃器卷》即将付梓之际，我们感谢北方联合出版传媒（集团）股份有限公司、万卷出版公司鼎力支持，在公司领导和同人共同努力下，才如期完成了所有编辑、设计、排版、印刷等出版工作，我们向万卷出版公司诸位领导和同事致谢！是我们的通力合作、共同奋斗，

才最终实现了《沈阳故宫博物院院藏精品大系》各卷的顺利出版！

当每一位读者从《沈阳故宫博物院院藏精品大系》中获得历史和文化知识，当每一位读者欣赏《沈阳故宫博物院院藏精品大系》中的文物藏品而内心愉悦之际，也就是我们最欣慰的时刻——所有的付出、所有辛苦，就凝聚在我们对数千年中华传统文化的深爱之中！

编 者

2020 年 12 月